사회계약론

돋을새김 푸른책장 시리즈 **025**

사회계약론

초판 발행 2018년 4월 05일

지은이 | 장 자크 루소
옮긴이 | 권혁
발행인 | 권오현

펴낸곳 | 돋을새김
주소 | 서울시 종로구 이화동 27-2 부광빌딩 402호
전화 | 02-745-1854~5 팩스 | 02-745-1856
홈페이지 | http://blog.naver.com/doduls
전자우편 | doduls@naver.com
등록 | 1997.12.15. 제300-1997-140호

인쇄 | 금강인쇄(주)(031-943-0082)

ISBN 978-89-6167-239-9 (03160)
Copyright ⓒ 2018, 권혁

값 12,000원

돋을새김
푸른책장
시 리 즈
0 2 5

사회계약론

장 자크 루소 지음 | **권혁** 옮김

돋을새김

인간은 자유롭게 태어난다.
그리고 어디에서나 쇠사슬에 묶여 있다.

-제1부 제1장-

장 자크 루소Jean-Jacques Rousseau(1712~1778)

* * *

≪사회계약론≫ 초판본(1762년).
네덜란드에서 간행되었다. 제네바에서 루소 체포
령이 내려지고 프랑스를 비롯하여 제네바, 네덜란
드에서 금서 조치가 내려졌다.

* * *

1750년 디종 아카데미 현상 논문에서 최고상을 받
은 루소의 ≪학예론≫. 루소는 인간이 자연과 교감
을 하며 살았을 때는 선하고 행복했지만, 사회와 문
명의 발전은 인간을 도덕적으로 타락시키고 있다고
주장했다.

＊ ＊ ＊

통치권은 신이 부여한 불가침의 권위라고 주장하는 왕권신수설을 고수한 영국의 찰스 1
세는 영국의 시민들에 의해 처형을 당한 최초의 군주가 되었다(1649년). 이후 영국을 비
롯하여 유럽은 절대왕정 시대가 막을 내린다. 루소는 《사회계약론》에서 군주의 절대통
치권을 강력하게 부정한다.

* * *

프랑스의 계몽주의 사상가 볼테르의 저서 ≪뉴턴 철학의 요점≫에 실린 삽화. 볼테르는 뉴턴의 과학 사상이 인간의 이성을 깨우친다고 생각했다. 볼테르의 주장은 계몽주의 사상의 토대가 되었다.

* * *

18세기 유럽은 루소의 저서와 사상을 비난하며 체포령을 내리고 금서 조치를 내렸다. 그러나 ≪사회계약론≫에서 펼친 루소의 자유, 평등, 주권 사상은 미국 독립선언(1776), 프랑스 대혁명(1789~1794)의 근간이 되었다.

일러두기

1. 이 책은 The Social Contract & Discourses by Jean-Jacques Rousseau, (J. M. Dent & Sons in New York by E. P. Dutton & Co)를 원본 텍스트로 했다.

2. 이 책의 이해를 돕기 위해 필요한 역자 주는 본문에 첨가했으며, 저자 주는 장별로 구별하여 실었다.

사회계약론 또는 정치적 권리의 원리

The Social Contract or The Principles of Political Rights

서문

이 짧은 논문은 몇 해 전에 나의 한계를 인식하지 못하고 쓰기 시작했다가 오랫동안 버려두었던 좀 더 긴 저작물의 일부분이다. 당시 집필했던 것으로부터 뽑아낼 수 있는 여러 부분들 중에서 가장 중요하며, 대중들에게 공개하기에도 덜 부족한 것이라고 생각한다. 나머지 부분들은 더 이상 남아 있지 않다.

차 례

제1부

제2부

제3부

제4부

제1부

나는 있는 그대로 인간을 받아들이고, 있을 수 있는 그대로 법을 받아들이는 분명하고도 정당한 통치의 원칙이 사회질서 속에 존재할 수 있는지 알아보려 한다. 이 연구에서 정의와 이익이 결코 분리되지 않도록 하기 위해, 권리가 인정하는 것과 이해관계에 의해 규정된 것을 언제나 결합시키려 노력할 것이다.

이 주제의 중요성은 증명하지 않고 곧장 본론으로 들어가려 한다. 내가 정치에 관한 글을 쓰는 것에 대해, 군주나 입법자라도 되는 것이냐는 질문을 받을 수도 있겠다. 나는 그 어느 쪽도 아니며, 그렇기 때문에 정치에 관한 글을 쓰려는 것이라 대답할 것이다. 만약 내가 군주나 입법자라면 하고 싶은 일을 말로 설명하는데 시간을 낭비하지는 않을 것이다. 실행해 버리거나 그저 잠자코 있으면 될 것이다.

나는 자유로운 국가의 시민으로 태어났으며 주권자의 일원이므로, 비록 나의 발언이 공적인 문제에 미치는 영향력이 미약할지라도, 투표할 권리가 있다는 것만으로도 연구할 의무는 있다고 생각한다. 정부들에 대해 곰곰이 생각할 때, 나의 연구들이 언제나 내 나라의 정부를 사랑해야 할 새로운 이유들을 제공해준다는 사실을 발견하는 것은 기쁜 일이다.

제1장

제1부의 주제 THE SUBJECT OF THE FIRST BOOK

  인간은 자유롭게 태어난다. 그리고 어디에서나 쇠사슬에 묶여 있다. 남들보다 더 심한 노예 상태에 있으면서도 자신이 다른 사람들의 주인이라 믿고 있는 사람이 있다. 어떻게 이런 일이 생길 수 있을까? 나는 모르겠다. 무엇이 그런 생각을 정당하게 만들 수 있을까? 이 문제에 대해서는 대답할 수 있으리라 생각한다.

  만약 힘에 대해서만 생각하고 또 그로 인해 발생한 결과만을 생각한다면, 나는 이렇게 말할 것이다. '어떤 사람이 복종을 강요당하고 있으며 그로 인해 복종하고 있다면 그것은 괜찮다. 그 구속을 즉시 벗어날 수 있으며, 구속을 벗어나게 된다면, 그것은 더 나은 일이다. 그들로부터 빼앗아간 것과 동일한 권리에 의해 자유를 되찾는 것이므로, 자유를 회복하는 것은 정당하며 그들로부터 자유를 빼앗아간 것에는 아무런 정당성도 없기 때문이다.'

  사회질서는 다른 모든 권리들의 기초가 되는 신성한 권리다. 하지만 이 권리는 자연스럽게 만들어진 것이 아니므로 사회적 계약에 근거를 두어야만 한다. 이 문제를 다루기에 앞서, 내가 방금 주장했던 것을 증명해야만 할 것이다.

제2장
최초의 사회 THE FIRST SOCIETIES

　모든 사회들 중에서 가장 오래되었으며, 유일하게 자연 발생적인 것은 가족이다. 그런 가족에서도 자식들은 보호가 필요한 동안에만 아버지에게 의존한다. 이러한 필요성이 사라지게 되면 자연적인 유대는 약화된다. 자식들은 아버지에 대한 복종의 의무에서 벗어나게 되고, 아버지는 양육의 의무에서 벗어나 동등하게 독립된 상태로 돌아간다. 만약 이들이 계속 결합된 상태로 남아 있다면, 더 이상 자연적인 것이 아니라 자발적으로 그렇게 된 것이다. 그러므로 가족 자체는 오직 약속에 의해 유지되고 있는 것이다.

　이러한 공통의 자유는 인간의 본성에서 비롯된 것이다. 인간에게 가장 중요한 법은 자신의 보호를 위한 것이고, 가장 중요한 관심사는 자신을 위한 것들이다. 그리하여 결정권을 갖게 되는 나이가 되면 즉시 자신을 지키기 위한 적절한 수단들에 대한 유일한 심판관이 되며, 그 결과로 자기 자신의 주인이 되는 것이다.

　그러므로 가족은 정치 사회의 첫 번째 본보기라 부를 수 있을 것이다. 즉, 우두머리는 아버지이며 국민은 자식들에 해당된다.

그리고 모두 자유롭고 평등하게 태어났으므로 오직 자신의 이익을 위해서만 자유를 양도한다. 가장 중요한 차이가 있다면, 가족에서는 자식들에 대한 아버지의 사랑이 자식들을 돌보는 이유가 되지만, 국가에서는 국민에 대한 사랑이 없는 우두머리가 누리는 지배의 기쁨이 그 사랑을 대신한다.

그로티우스(Hugo Grotius 1583~1645 : 네덜란드 법학자. 저서 《전쟁과 평화의 법》에서 자연법적 국제법을 체계화했다)는 인간의 모든 권력은 피지배자를 위해 확립된다는 것을 부정하면서, 노예제도를 그 예로 들었다.(1-1) 그가 주로 사용하는 추론 방법은 시종일관 사실에 의해 정당성을 확립하는 것이었다. 이보다 더 논리적인 방법을 사용할 수도 있겠지만, 폭군들에게 더 유리하지는 않았을 것이다.

그로티우스에 따르자면, 인류가 백 명의 인간에게 예속되어 있는지, 아니면 백 명의 인간이 인류에게 예속되어 있는지가 분명하지 않게 된다. 그의 책 전체를 읽어보면 그는 첫 번째 견해에 기울어 있는 것으로 보인다. 또한 이것은 홉스(Thomas Hobbes 1588~1679 : 프랑스 계몽주의 사상가, 대표적인 정치철학서 《리바이어던》의 저자. 절대군주제를 옹호했다. 루소는 그로티우스도 같은 의견을 가지고 있었다고 본다)의 견해이기도 하다. 이 주장에 따르면, 인류는 많은 무리들로 나뉘어져 있으며, 각각의 무리에는 오직 그들을 착취하려는 목적으로만 보호하는 주인이 있다는 것이다.

목자(牧者)가 자신의 가축들보다 우월한 본성을 타고났듯이, 인간의 목자인 군주들도 자신이 다스리는 국민들보다 우월한 본성을 타고났다는 것이다. 필론(Philon : BC 15~ AD 45? : 유대인 철학자)이 전하는 바에 따르면, 황제인 칼리굴라(Caligula : AD 1세기, 로마 제정시대의 제3대 황제. 스스로를 유피테르와 같은 신으로 여겼다)는 이런 추론에 따라 왕이 신이거나 국민이 짐승이라는 결론을 내렸다고 한다.

칼리굴라 황제의 추론은 홉스나 그로티우스의 그것과 동일하다. 이들보다 앞서, 아리스토텔레스(Aristoteles BC 384~322 : 고대 그리스 철학자)는 인간은 평등하게 태어나지 않으며, 노예가 되기 위해 태어나는 사람도 있고, 지배자가 되기 위해 태어나는 사람도 있다고 했다.

아리스토텔레스의 말은 옳다. 하지만 그는 결과를 원인으로 생각했다. 노예로 태어난 사람이 노예가 되는 것은 분명하다. 쇠사슬에 매인 노예들은 모든 것을 잃는다. 심지어 그 쇠사슬에서 벗어나려는 욕망마저 잃게 된다. 오디세우스(율리시즈)의 친구들이 야만적인 상태를 좋아했던 것처럼,(1-2) 노예들은 예속된 상태를 좋아한다. 만약 그렇다면, 본성에 반하여 노예가 된 사람들이 있었기 때문에 노예로 태어난 사람들이 있게 된 것이다. 폭력이 최초의 노예들을 만들어냈고, 그들의 비겁함이 그 상태를 영원히 지속시켰던 것이다.

　나는 아담 왕에 대해서나 사르투누스의 자식들처럼 이 세계를 나누어 다스렸던 - 그래서 같은 인물들일 것이라 생각했던 - 세 명의 위대한 군주들의 아버지인 노아(Noah : 구약성서 창세기에서 홍수 설화의 주인공. 성서에 의하면, 세 명의 아들이 있었으며 그의 후손들이 인류의 조상이라고 말한다) 황제에 대해서는 아무런 언급도 하지 않았다. 내가 이렇게 말을 아끼는 것에 대해 고맙게 생각해주기를 바란다. 내가 그 세 군주들 중 한 명의 직계 후손이며, 어쩌면 장손의 후손일 수도 있기 때문이다. 그 족보를 따져보면 내가 인류의 정당한 왕이었을 수도 있지 않았을까? 어쨌든 로빈슨 크루소가 자신의 섬에서 그랬듯이, 아담이 유일한 주민이었던 동안만큼은 이 세계의 지배자였다는 것은 분명하다. 이러한 제국에서 군주는 왕권이 안전하게 지켜지고 반란이나 전쟁 혹은 음모를 꾸미는 자들이 없었다는 장점이 있었다.

제3장

가장 강한 자의 권리 THE RIFGT OF THE STRONGEST

　가장 강한 자일지라도 자신의 힘을 권리로 바꾸고, 복종을 의
무로 바꾸지 않는다면 영원한 지배자가 될 수 있을 만큼 강하다
고 할 수 없다. 비록 반어적으로 받아들여지겠지만, 이것으로부
터 가장 강한 자의 권리는 실질적인 원칙으로 확립된다.

　가장 강한 자의 권리라는 이 말은 전혀 설명될 수 없는 것일
까? 강하다는 것은 물리적인 힘이다. 나는 이 물리적인 힘이 어
떤 도덕적인 결과를 이끌어낼 수 있다는 것인지 모르겠다. 힘에
굴복하는 것은 의지가 아닌 필요에 따른 것으로, 기껏해야 신중
한 행위에 불과하다. 도대체 어떤 의미에서 의무가 될 수 있다는
것일까?

　이런 '권리'가 존재한다고 가정해 보자. 그것의 유일한 결과란
아무도 설명할 수 없는 터무니없는 것들뿐이다. 만약 힘이 권리
를 만들어낸다면, 원인과 함께 결과도 달라질 것이기 때문이다.
최초의 힘보다 더 센 모든 힘이 그 권리를 물려받을 것이기 때문
이다. 복종하지 않아도 벌을 받지 않는다면, 불복종은 정당한 것
이 된다. 언제나 가장 강한 자가 옳은 것이 되기 때문에, 언제나

가장 강한 자가 되려는 것만이 중요하게 된다. 그렇다면 힘이 사라질 때 더불어 소멸되는 이런 권리란 도대체 무엇이란 말일까? 만약 힘에 억지로 복종해야만 한다면, 의무적으로 복종할 필요는 없는 것이다. 그리고 복종을 강요당하지 않는다면 복종할 필요도 없게 된다. 그렇다면 여기에서 '권리'라는 말은 단지 힘일 뿐이며, 전혀 중요하지 않은 것이 되고 만다.

당신을 지배하는 자에게 복종하라. 만약 이것이 힘에 굴복하라는 의미라면, 좋은 교훈은 되겠지만 불필요한 것이다. 나는 이 교훈을 절대로 어기지는 않을 것이다.

나는 모든 권력이 신에서 비롯된다는 것은 인정한다. 하지만 모든 질병도 신에게서 비롯된 것이다. 그렇다면 이 교훈이 의사를 불러서는 안 된다는 의미일까? 숲에서 강도가 덤벼들었다면 나는 어쩔 수 없이 지갑을 내놓아야 할 것이다. 하지만 내가 지갑을 내주지 않을 수도 있는데, 강도가 갖고 있는 권총 역시 힘이기 때문에, 반드시 내주어야만 하는 것일까?

자, 이제 힘이 권리를 만드는 것은 아니며, 우리는 정당한 권력에만 복종할 의무가 있다는 것을 인정하기로 하자. 이렇게 해서 내가 처음에 제기했던 문제로 다시 돌아가게 된다.

제4장
노예제도 SLAVERY

　자신의 동료들을 지배할 수 있는 권한을 갖고 태어나는 사람은 아무도 없으며, 힘이 권리를 만들어내는 것도 아니기 때문에, 우리는 계약이 인간들 사이의 모든 정당한 권한의 기반이 된다는 결론을 내려야만 한다.

　그로티우스는, '만약 어느 한 개인이 자신의 자유를 양도하여 스스로 어느 주인의 노예가 될 수 있다면, 국민 전체도 자유를 양도하여 어느 왕의 국민이 될 수 있지 않을까?'라고 말한다. 이 문장에는 설명이 필요한 애매모호한 단어들이 많지만, '양도한다'는 말에만 국한시켜보자. 양도한다는 것은 무언가를 주거나 파는 행위다. 그런데 다른 사람의 노예가 되려는 사람은 자신을 주는 것이 아니다. 어떻게 해서든 생존하기 위해 자기 자신을 파는 것이다. 하지만 국민은 무엇을 위해 스스로를 팔아야 하는 것일까? 왕은 국민들에게 생존 수단을 전혀 제공해주지도 않으면서 자신의 생존 수단을 오직 국민들로부터 얻어내고 있는 것이다. 라블레(Rabelais : 프랑스 르네상스 시대의 작가)에 따르면, 왕은 검소하게 살지도 않는다. 그렇다면 국민들은 왕이 자신들의 재산도 가져간다는 조건으로 자신들을 바친다는 것인가? 그렇다면 그들이 지켜야 할 어떤 것이 남게 된다는 것인지 나는 알 수가 없다.

전제군주가 자신의 백성들에게 사회적 안녕을 보장해 준다고 말할 것이다. 그렇기도 하다. 하지만 만약 전제군주의 야심으로 인해 백성들이 치러야 하는 전쟁과, 그의 채워지지 않는 탐욕 그리고 그의 대신들이 가하는 억압이 자신들 사이의 분쟁보다 더 많은 것을 약탈해 간다면 그런 사회적 안녕에서 무엇을 얻을 수 있단 말일까? 만약 그들이 누리는 안녕 자체가 단지 그들의 불행 중 한 가지일 뿐이라면, 그러한 안녕에서 무엇을 얻을 수 있을까? 감옥에서도 편안하게 살 수는 있다. 살기에 편안한 장소를 갖는다는 것으로 충분할까? 키클로페스(그리스 신화에 나오는 거인)의 동굴에 유폐된 그리스인들은 잡아먹힐 차례를 기다리는 동안 대단히 평온한 생활을 하고 있었다.

아무런 이유도 없이 자신을 남에게 내준다는 것은 터무니없으며 생각조차 할 수 없는 일이다. 그런 행위는 제정신이 아닌 상태에서 저지르는 것이라는 단순한 사실만으로도 효력이 없으며 불합리한 것이다. 이와 똑같은 짓을 백성 전체가 한다는 것은 그들을 미친 사람들로 가정하는 것이다. 광기는 아무런 권리도 만들어내지 못한다.

비록 자기 자신을 양도할 수 있다 해도, 자신의 자식들까지 양도할 수는 없다. 그들도 인간으로 자유롭게 태어났다. 그들의 자유는 그들의 것이므로 그들 외의 그 어느 누구도 처분할 권리는 없다. 분별력을 갖출 때까지 아버지가 그들을 대신하여 생존과 행복을 위한 여러 조건들을 정할 수는 있겠지만, 돌이킬 수도 없이 그리고 아무런 조건도 없이 그들을 다른 사람에게 넘겨줄 수는 없다. 그러한 증여(贈與)는 자연의 목적에 거스르는 것이며 아버지로서의 권리를 넘어서는 것이기 때문이다. 그러므로 어떤 전제정부가 정당성을 갖기 위해서는, 국민들의 모든 세대가 그 정부를 인정하거나 거부할 수 있어야 한다. 하지만 그렇게 된다면 그 정부는 더 이상 전제적이지 않은 정부일 것이다.

자유를 포기하는 것은 인간으로서의 자격과 인간답게 살 권리와 의무마저 포기하는 것이다. 모든 것을 포기하는 자는 아무런 보상도 받을 수 없다. 이러한 포기는 인간의 본성에 어긋나는 것이다. 그의 의지로부터 자유를 모두 빼앗는 것은 그의 행위로부터 도덕성을 모두 제거해버리는 것이다. 요컨대 한편에게는 절대적인 권위를 그리고 다른 편에게는 무제한적인 복종을 주장하는 계약은 무의미하고 모순되는 것이다.

우리가 누군가에게 모든 것을 다 요구할 수 있는 권리를 갖고 있다면, 그 사람에 대해 지켜야 할 아무런 의무도 없다는 것은 명백하지 않은가? 동등한 대우와 상호 교환도 없다는 조건만으로도 그 자체 내에 행위의 무효가 포함되어 있는 것이 아닐까? 그가 갖고 있는 것이 모두 내 것이고, 그의 권리도 내 것이기 때문에 나 자신에 대한 나의 권리는 아무런 의미도 없는 말이 되고 마는데, 나의 노예가 나에 대해 어떤 권리를 가질 수 있다는 말인가?

그로티우스를 비롯한 사람들은 이른바 노예권(奴隸權)의 또 다른 기원을 전쟁에서 찾고 있다. 그들의 주장에 따르면, 승자에게는 패자를 죽일 권리가 있으므로 패자는 자신의 자유를 희생하여 생명을 되찾을 수 있다는 것이다. 이러한 계약은 쌍방에게 이익이 되므로 더욱 더 정당하다는 것이다.

그러나 패자를 죽일 수 있다는 권리가 전쟁 상태에서 비롯된 것이 전혀 아니라는 사실은 분명하다. 원시적인 독립 상태로 사는 동안에는 전쟁이거나 평화 상태를 이룰 만한 지속적인 상호관계가 없었다는 사실만으로도 인간은 태어나면서부터 서로에게 적일 수는 없다. 전쟁은 사물들과 관련된 관계에서 일어나는 것이며, 인간들 간의 관계에서는 일어나지 않는다. 전쟁은 단순히 개인 간의 관계에서 일어날 수 없으며 오직 소유물과 관련된 관계에서 일어나는 것이므로, 사적인 전쟁 혹은 개인 간의 전쟁은 고정된 소유권이 없는 자연상태이거나 모든 것이 법의 권위 아래 놓여 있는 사회상태에서는 일어날 수 없다.

개인 간의 싸움, 결투 그리고 충돌 등은 어떤 지속적인 상태를 만들어내는 행위가 아니다. 프랑스의 왕 루이 9세의 칙령에 의해 인정되었다가 '신의 평화' 선언에 의해 정지된 사적인 전쟁은 봉건제도의 폐습이었다. 봉건제도 자체는 자연법의 원리와 훌륭한 모든 정치제도에 반하는 불합리한 제도였다.

　그러므로 전쟁은 인간과 인간의 관계가 아닌 국가와 국가의 관계이며, 개인들은 인간이거나 시민이 아닌(1-3) 병사로서, 자기 조국의 구성원이 아닌 방위자로서 단지 우연하게 적이 되는 것이다. 결국, 각 국가는 사람이 아닌 다른 국가를 적으로 가질 수 있을 뿐이다. 본질적으로 성질이 다른 사물 사이에서는 어떠한 실질적인 관계도 맺을 수 없기 때문이다.

　더 나아가, 이 원리는 모든 시대의 정립된 원칙 그리고 모든 문명화된 사람들의 관행과 일치한다. 선전포고는 권력자에 대한 것이기보다 그들의 백성을 향한 통고이다. 왕이든 개인이든 국민이든, 군주에게 선전포고도 하지 않고 백성들을 강탈하고 살해하고 억류하는 외국인은 적이 아니라 강도일 뿐이다. 실제로 전쟁이 벌어지고 있는 동안에도 공정한 군주는 적국 내의 공공에 속한 것들은 모두 빼앗지만 개인의 생명과 재산은 존중한다. 자신이 지닌 권리의 기반이 되는 권리들은 존중하는 것이다.

　전쟁의 목적은 적국을 파괴하는 것이므로 방어자들이 손에 무기를 들고 있는 동안에는 그들을 죽일 권리가 있다. 하지만 그들이 무기를 버리고 항복하면 곧바로 적이거나 적의 도구가 아닌 단순한 인간으로 다시 돌아오는 것이므로, 누구에게도 그들의 생명을 빼앗을 권리는 전혀 없다. 때로는 구성원들은 한 명도 죽이지 않고 국가를 멸망시키는 것도 가능하다. 전쟁은 그 목적을 달성하는 데 필요한 것이 아닌 권리는 전혀 부여하지 않는다. 이러한 원칙은 그로티우스가 세운 것도 아니고, 시인의 권위에 근거한 것도 아니다. 다만 사물의 본성에서 비롯된 것이며 이성에 근거한 것이다.

정복할 권리는 가장 강한 자의 권리라는 것 외의 근거는 없다. 만약 전쟁이 정복자에게 정복당한 국민들을 몰살시킬 권리를 주는 것이 아니라면, 존재하지도 않는 권리가 그들을 노예로 만들 권리의 근거가 될 수는 없다. 승리자는 노예로 만들 수 없는 경우를 제외하고는 적을 죽일 권리가 없다. 그러므로 노예로 만들 수 있는 권리는 죽일 수 있는 권리에서 비롯된 것이 아니다. 따라서 적에게 자유를 팔아 생명을 사도록 하는 것은 부당한 교환인 것이다. 생명에 대해서는 그 어느 누구에게도 아무런 권리가 없다. 노예권을 근거로 생과 사의 권리를 세우고 그 생과 사의 권리를 근거로 노예권을 세운다면 우리는 당연히 순환논법에 빠져들게 되지 않을까?

모든 사람을 죽일 수 있는 이 무서운 권리를 전제로 한다 해도, 전쟁에서 발생한 노예이거나 정복당한 사람들은 복종하도록 강요당하는 동안에만 복종할 뿐이지 자신의 주인에 대한 아무런 의무도 없다. 패자의 생명에 상응하는 대가를 받는 것은 승자가 은혜를 베푸는 것이 아니다. 단지 아무런 이득 없이 죽이는 대신 이득을 남기면서 죽이는 것일 뿐이다. 승자는 힘 외에는 아무런 권위도 얻지 못했으므로 그 전과 마찬가지로 그들 사이의 전쟁 상태는 계속되며, 그들 간의 관계 자체는 전쟁 상태의 결과이다. 그리고 전쟁의 권리를 행사하는 것이 평화 협정을 수반하는 것이 아니다.

그들이 어떤 협정을 체결했다 해도, 그 협정은 전쟁 상태를 소멸시키기보다 오히려 그 상태를 지속시키는 것일 뿐이다. 그러므로 이 주제를 그 어떤 면으로 고려해도 노예권은 정당하지 못하다는 것뿐만이 아니라 불합리하고 아무런 의미도 없기 때문에 효력이 없는 것이다. 노예와 권리라는 단어는 모순이며 서로를 부정한다. 어느 한 사람이 다른 사람에게, 혹은 어떤 국민들에게 이렇게 말하는 것은 언제나 몰상식한 일이다. '내가 너와 계약을 맺으려 하는데, 모든 것은 네가 부담하고 이익은 내가 가질 것이다. 나는 내 마음에 내키는 동안에만 이 약속을 지킬 것이고, 너는 내가 만족하는 한 이 계약을 지켜야 한다.'

제5장

항상 최초의 계약으로 소급해야만 한다는 것

THAT WE MUST ALWAYS GO BACK TO A FIRST CONVENTION

지금까지 논박해온 것들을 모두 인정한다 해도, 전제정치의 옹호자들이 갖는 입장은 전혀 나아지지 않을 것이다. 군중을 굴복시키는 것과 사회를 통치하는 것 사이에는 언제나 큰 차이가 있을 것이다. 흩어져 있던 개인들이 계속해서 어느 한 사람에게 예속된다면, 그들이 제아무리 많더라도, 나는 여전히 주인과 노예의 관계로 볼 것이며, 그것은 분명 국민과 지배자의 관계는 아니다. 그것은 집합체로 부를 수는 있겠지만 연합체는 아니다. 공유 재산도 없고 정치체도 없다. 비록 세상 사람들의 절반을 예속시킨다 해도 그 사람은 여전히 한 개인일 뿐이다. 다른 사람들의 이익과 분리된 그의 이익은 여전히 단순한 사적인 이익일 뿐이다. 그가 죽게 되면, 마치 불에 탄 참나무가 산산이 부서져내려 잿더미로 사라지듯이, 그의 제국은 단결하지 못하고 흩어지게 될 것이다.

그로티우스는 '국민은 스스로를 왕에게 바칠 수 있다'고 한다. 그러므로 그로티우스의 말에 따르면 국민은 스스로를 왕에게 바치기 전에 이미 국민인 것이다. 이런 증여 자체가 국민의 행위이며, 공공의 협의를 전제로 한다. 그러므로 국민이 왕을 선택하는 행위를 살펴보기 전에 국민이 되게 하는 행위를 검토해 보는 것이 더 나을 것이다. 이 행위는 필연적으로 왕을 선출하는 행위보다 먼저 일어나는 사회의 진정한 기초이기 때문이다.

사실, 만장일치로 선출되지 않는 이상, 그 이전의 합의가 없었다면 과연 소수가 다수의 선택을 따라야 할 의무가 있을까? 그리고 주인을 원하는 백 명이 주인을 원치 않는 열 명을 대신해 투표할 권리는 어떻게 생겨나는가? 투표에서 다수결의 원칙 자체도 합의에 의해 정립된 것으로, 최소한 한 번쯤은 만장일치가 있었다는 것을 전제로 한다.

제6장

사회계약 THE SOCIAL COMPACT

　자연상태에서 인간들의 자기 보존을 방해하는 장애물들의 저항력이 각 개인이 그 상태에서 유지하기 위해 사용할 수 있는 힘을 능가하는 시점에 도달한 것으로 가정해본다. 그렇게 되었을 때, 그러한 원시상태는 더 이상 유지될 수 없게 되며, 생존양식을 바꾸지 않는다면 인류는 멸망해버릴 것이다.

　하지만 인간은 새로운 힘들을 만들어 낼 수 없으므로 오직 기존의 힘들을 결합하여 나아갈 수밖에 없으며, 저항을 극복하기에 충분한 힘을 모은 집합체를 형성하는 것 외에는 생존할 방법이 없다. 이것을 단일한 동력에 의해 움직이도록 하고 조화롭게 작동하도록 만들어야만 한다.

　이렇게 힘을 모으는 것은 많은 사람들의 협력에 의해서만 이루어질 수 있다. 하지만 각 개인의 힘과 자유는 자신을 보존하기 위한 주요한 수단이므로, 자신의 이익을 손상시키지 않고 또한 자신을 돌보아야 할 의무를 소홀히 하지 않으면서 그들에게 협력을 약속할 수 있을까? 나의 주제와 관련된 이러한 어려움은 다음과 같이 설명할 수 있을 것이다.

'연합에 참여한 각 구성원의 신체와 재산을 공동의 힘으로 지키고 보호할 연합 형태를 찾아내고, 그것에 의해 모두 결합되어 있지만 각자는 오직 자신에게만 복종하며 이전과 같은 자유 상태를 유지하는 것이다.' 이것이 바로 기본적인 문제로 사회계약이 그 해결책을 제시하고 있다.

이 계약의 조항들은 약간의 수정만으로도 무효가 되어 효력을 발휘할 수 없는 법령의 성격으로 규정되어 있다. 그래서 비록 공식적으로 선언된 적은 없지만, 사회적 계약의 위반으로 인해 각자가 본래의 권리를 다시 얻게 되고 계약상의 자유를 위해 포기했던 자연적인 자유를 되찾을 때까지는, 어디에서나 동일하게 그리고 어디에서나 암묵적으로 허용되고 인정되는 것이다.

적절히 이해된다면, 이 조항들은 한 가지로 요약될 수 있을 것이다. 즉, 각 구성원들이 자신의 모든 권리와 함께 자신을 전체 공동체에 완전히 양도한다는 것이다. 무엇보다 각자가 자신을 완전히 양도하게 되면 모든 사람의 조건은 똑같아지며, 그렇게 된다면 다른 사람들이 더 많은 의무를 갖도록 하는데 관심을 갖는 사람은 아무도 없을 것이기 때문이다.

게다가 아무런 조건이 없는 양도이므로 가장 완전한 결합이 이루어져, 더 많은 것을 요구하는 구성원이 없게 된다. 만약 개인들에게 약간의 권리가 남아있게 되면, 그들과 사회 사이에서 판결을 내릴 수 있는 공통의 상급자가 없으므로 자신만의 판단을 가진 개인들은 곧 모든 문제에 대해 자신이 판단하겠다고 나서게 될 것이기 때문이다. 따라서 자연상태는 그대로 존속될 것이며, 결합은 반드시 전제적이거나 쓸모없는 것이 되고 말 것이다.

끝으로, 각자는 전체에게 스스로를 양도하므로 아무에게도 양도하지 않는 것이 된다. 그리고 자신이 양도한 것과 똑같은 권리를 다른 구성원들로부터 받는 구성원은 전혀 없으므로, 자신이 잃게 된 모든 것에 상응하는 것을 얻게 되고 자신이 갖고 있는 것을 지키기 위한 힘이 더 늘어나게 된다. 그러므로 만약 사회적 계약에서 본질적이지 않는 것들을 모두 제거한다면 다음과 같은 조건으로 요약될 것이다.

'우리들 각자는 공동으로 자신과 자신의 모든 힘을 일반의지(general will)라는 최상의 지휘 아래 놓아두고, 우리는 각 구성원들을 전체의 따로 떼어낼 수 없는 일부분으로서 받아들인다.'

그 즉시 이 결합 행위는 각각의 계약자 당사자인 개인을 대신하는 도덕적이며 집합적인 조직체를 만들어낸다. 전체 모임이 갖고 있는 투표권과 동일한 수의 구성원으로 조직된 이 조직체는 이 결합 행위로부터 통일성과 공동의 자아와 생명 그리고 의지를 부여받게 된다.

모든 개인들의 결합에 의해 형성된 이 공적인 인격체를 과거에는 도시국가(1-4)라 불렸지만, 지금은 공화국 또는 정치체라 부른다. 구성원들은 이 공적인 인격체가 수동적일 때는 국가, 적극적일 때는 주권자, 그와 동등한 것과 비교할 때는 권력이라고 부른다. 구성원들의 경우, 집합적으로는 국민이라 부르고, 통치권에 참여하는 개인으로서 스스로를 시민이라 부르며, 국가의 법에 복종하는 존재로서는 신민이라고 한다. 하지만 이러한 용어들은 종종 혼동되어 서로 뒤섞여 쓰이고 있다. 정확하게 사용되어야 할 때 그것들을 구별할 줄 아는 것으로 충분하다.

제7장
주권자 SOVEREIGN

　이러한 방식은 결합 행위에 공중과 개인들 사이의 상호 약속이 포함되어 있다는 것, 그리고 각각의 개인은 자기 자신과 계약을 맺고 있다 할 수 있으므로 이중의 자격으로 결합되어 있다는 것을 보여준다. 주권자의 일원으로서 각 개인들에게, 국가의 일원으로서 주권자에게 결합되어 있다는 것이다. 하지만 이 경우에는, 자기 자신과 맺은 계약에 의해서는 아무도 구속되지 않는다는 민법의 원칙을 적용할 수 없다. 자기 자신에 대한 의무와 자신이 한 부분을 맡고 있는 전체에 대한 의무 사이에는 커다란 차이가 있기 때문이다.

　각각의 신민은 두 가지의 다른 자격을 가진 것으로 여겨지기 때문에, 모든 신민은 주권자에게 의무를 지도록 한다는 공공의 협의는, 반대되는 이유로 주권자는 스스로에게 의무를 지울 수 없다는 것 또한 주목해야만 한다. 당연하게도 주권자가 어길 수 없는 법을 스스로에게 부과한다는 것은 정치체의 본질에도 어긋난다. 주권자는 한 가지 자격만을 갖고 있다고 할 수 있으므로, 자기 자신과 계약하는 개인의 경우와 같은 것이다. 따라서 정치체에 부과할 수 있는 어떠한 종류의 기본법도 없으며 부과할 수도 없다는 것은 명백하다. 사회계약 자체도 그렇게 할 수 없다.

이것은 정치체가 이 계약을 위반하지 않을 경우에도 남들과 계약을 전혀 체결할 수 없다는 의미는 아니다. 외부인의 입장에서 보자면 국민 집단도 단순한 하나의 개체, 한 개인이기 때문이다.

하지만 정치체 또는 주권자는 전적으로 신성한 계약에 의해 존재하게 된 것이므로, 자신의 일부를 양도하거나 다른 주권자에게 복종하는 등, 최초의 계약 행위에 위반되는 그 어떤 행위로 인해 스스로에게나 남에게 구속되어서는 안 된다. 자신을 존재할 수 있도록 한 행위를 위반하는 것은 자멸하는 것이며, 그 자체가 무효가 된 상태에서는 아무것도 만들어낼 수 없는 것이다.

다수의 사람들이 하나의 단체로 연합하게 되면서부터 그 단체를 공격하지 않고서는 구성원들 중의 어느 한 사람도 해칠 수 없게 된다. 더 나아가 구성원들의 원한을 사지 않고 그 단체를 손상시킬 수도 없다. 그러므로 의무와 이익은 계약 당사자들이 동등하게 서로를 돕지 않을 수 없도록 만든다. 이중으로 관계를 맺고 있는 그들은 그 관계로부터 파생되는 모든 이익을 하나로 묶기 위해 노력해야만 한다.

또한 주권자는 그것을 만들어낸 전체 개인들로 이루어진 것이므로, 그들의 이익에 반하는 그 어떤 이익도 갖지 않으며 또 가질 수도 없다. 따라서 주권자의 권력은 신민에게 그 어떤 보증도 할 필요가 없다. 그 정치체가 구성원 전체를 해치려 하는 것은 불가능하기 때문이다. 이 정치체가 구성원을 개별적으로도 해칠 수 없다는 것은 다음에 살펴보기로 한다. 주권자는 단순히 존재한다는 사실만으로도 항상 주권자로서 가져야만 하는 모든 것을 갖추고 있는 것이다.

하지만 주권자에 대한 신민의 관계는 그렇지 않다. 공통의 이해관계에도 불구하고, 주권자가 신민의 충성을 확보할 방법을 찾지 못한다면, 그들의 약속 이행을 보장할 수는 없다.

사실 한 인간으로서 각 개인은 시민으로서 갖고 있는 일반의지와 상반되거나 똑같지 않은 특별한 의지를 가질 수 있다. 공동의 이익과 전혀 다른 자신의 특별한 이익에 관심을 가질 수도 있는 것이다. 독립적으로 태어난 절대적인 존재이므로 공동의 대의를 지켜야 하는 의무를 보상 없는 기부로 여기며, 자신의 무상 기부가 없어진다 해도 타인들에게 끼치는 손해는 기부를 함으로써 자신이 지게 되는 부담보다 훨씬 적다고 생각할 수도 있다. 그리고 국가를 구성하는 도덕적 인격체를 인간이 아니라는 이유로 허구적인 존재로 여겨 신민으로서의 의무를 수행하지 않으면서 시민의 권리를 행사하고 싶어 할 수도 있다. 이러한 부정행위가 지속되면 결국 정치체의 파멸을 확인할 수밖에 없을 것이다.

따라서 이 사회계약이 무의미한 상투적인 문구가 되지 않도
록, 일반의지에 복종하기를 거부하는 자는 누구든 집단 전체에
의해 강제로 따르도록 할 수 있다는 약속을 암묵적으로 포함하게
된다. 이것은 각 개인이 자유롭게 살도록 강제한다는 의미에 불
과하다. 이것이 바로 개별적인 시민을 조국에 바치도록 하여 모
든 개인적인 종속으로부터 보호한다는 조건이기 때문이다. 여기
에 정치기구가 작동하도록 하는 해답이 있으며, 이것만이 시민으
로서의 약속들을 합법적인 것으로 만들어준다. 이 약속이 없다
면, 시민으로서의 약속들은 불합리하고 전제적인 것이 되거나 끔
찍한 폐단이 되기 쉬워질 것이다.

제8장

사회상태 THE CIVIL STATE

자연상태에서 사회상태로 옮겨가면서 인간은 놀랄 만한 변화를 겪게 된다. 본능 대신 정의를 내세우게 되면서 자신의 행위에 그 전에는 없었던 도덕성을 부여하게 된다. 육체적 충동이나 물질적 욕망의 권리를 의무에 따른 의견으로 대체하게 되면서 오직 자신만을 생각했던 인간은 비로소 다양한 원칙들에 따라 행동하게 된다. 자신이 좋아하는 것을 내세우기 전에 이성적인 판단을 하게 되는 것이다.

비록 이 상태에서는 자연으로부터 누려왔던 많은 혜택을 잃게 되지만, 그 대신 훨씬 더 훌륭한 것들을 얻게 된다. 능력은 훨씬 더 개발되어 향상되며, 사상의 폭이 넓어지며, 감정은 더욱 고상해지고 건전한 영혼은 고양된다. 그로 인해 이 새로운 상태를 남용하여 자신이 떠나온 상태로 자주 떨어지지만 않는다면, 자연상태로부터 영원히 벗어나게 해주며, 둔하고 어리석은 동물 대신 지성적인 존재인 인간이 되도록 만들어준 행복한 그 순간을 줄곧 감사해야만 할 것이다.

전체적인 득과 실을 쉽게 비교해볼 수 있는 조건으로 요약해

보자. 사회계약으로 인간이 잃게 되는 것은 타고난 자유와 얻을 수 있는 모든 것에 대한 무한한 권리다. 얻게 되는 것은 시민으로서의 자유와 자신이 소유한 모든 것에 대한 소유권이다. 서로 주고받게 되는 보상을 따져보는데 있어 오류를 범하지 않으려면 개인의 힘 외에는 제한이 없는 타고난 자유와 일반의지에 의해 제한받는 사회적 자유를 명확하게 구별해야만 한다. 또한 단순히 힘의 결과이거나 최초로 차지한 자의 권리일 뿐인 소유와 오직 실질적인 정당한 권리에만 근거하는 소유권을 명확히 구별해야만 한다.

이와 같은 모든 것 외에도 사회상태에서 얻게 되는 것으로 도덕적 자유를 추가할 수 있을 것이다. 이 도덕적 자유만이 인간을 진정한 자신의 주인으로 만들어준다. 단순히 욕망의 충동에 따르는 것은 노예적인 상태인 반면 스스로 만든 법에 복종하는 것은 자유이기 때문이다. 하지만 나는 이것에 대해서는 이미 너무 많이 말했으며, 자유라는 말의 철학적 의미는 여기에서의 주제도 아니다.

제9장

토지소유권 REAL PROPERTY

공동체가 구성되면 각 구성원은 즉시 자기 자신과 자신이 점유하고 있는 재산을 포함한 모든 자원을 공동체에 양도한다. 소유자가 달라지는 이 행위로 인해 소유의 성격이 바뀌어 주권자의 재산이 되는 것은 아니다. 하지만 국가의 힘은 개인의 힘과는 비교할 수도 없을 만큼 강하므로 공적인 소유 또한 훨씬 더 확고하며 변경할 수 없다. 국가의 소유가 더 정당한 것은 아니지만 적어도 외국인과 관련해서는 더욱 정당하다. 구성원들과의 관계에 있어 국가는, 국가 내에서 모든 권리의 기초가 되는 사회계약에 따라, 모든 구성원들이 가진 재산의 주인이기 때문이다. 하지만 다른 국가와의 관계에서는 오직 구성원들로부터 넘겨받은 우선적인 소유권에 의해서만 주인이 될 수 있다.

비록 우선적인 소유권이 가장 강한 자의 권리보다 더 현실적이지만 재산권이 미리 확립되어 있을 때에만 비로소 실질적인 권리가 된다. 모든 인간은 태어나면서부터 자신에게 필요한 모든 것에 대한 권리를 갖고 있다. 하지만 어떤 물건의 소유자가 되게 하는 적극적인 행위는 다른 모든 물건의 소유로부터 배제시킨다.

차지하게 된 자신의 몫을 지켜야만 하며 공동체의 재산에 대해서는 더 이상의 권리는 가질 수 없다. 이것이 바로 자연상태에서는 매우 취약한 선점권이 사회상태에서는 모든 사람의 존중을 받게 되는 이유인 것이다. 이러한 권리 내에서 우리는 타인에게 속한 것보다 우리에게 속하지 않은 것을 더 존중하게 된다.

일반적으로 어떤 토지에 대한 선점권을 확립하려면 다음과 같은 조건들이 필요하다. 첫째, 아직 그 땅에 아무도 살고 있지 않아야만 한다. 둘째, 오직 생존에 필요한 정도의 면적만을 차지해야 한다. 셋째, 아무런 의미 없는 형식이 아닌 노동과 경작에 의해서 소유되어야만 한다. 노동과 경작은 법적인 자격 없이도 타인들의 존중을 받아야만 하는 소유권의 유일한 표시이다.

선점권을 필요성과 노동에 의해 인정한다면, 그 범위가 무제한 확장되지는 않을까? 이 권리의 한계를 규정할 수 있을까? 공유지에 발을 들여놓는 것만으로 스스로를 그 토지의 소유자라고 주장할 수 있을까? 그 토지로부터 타인들을 잠시 내쫓을 수 있는 힘이 있다는 것만으로 그들이 돌아오지 못하게 할 권리를 가질 수 있을까? 어느 한 사람이거나 국민이 벌을 받아 마땅한 강탈에 의하지 않고서야 어떻게 광대한 토지를 차지하고 나머지 인류 전체로부터 지켜낼 수 있다는 것일까? 그런 행위로 인해 다른 모든 사람들은 자연이 공동의 것으로 내어준 거주지와 식량을 빼앗긴 것이기 때문이다.

해안에 상륙한 누네즈 발보아(Balboa : 1513년 파나마 지협을 횡단한 스페인 탐험가)가 카스틸랴 왕의 이름으로 남태평양과 남아메리카를 점령했을 때, 단지 그것만으로 모든 원주민의 소유권을 박탈하고 세상의 모든 군주들이 아무도 들어오지도 못하도록 할 수 있는 것일까? 그렇게 발을 내딛는 형식적인 의식은 거듭해 이어졌으며, 카톨릭(스페인) 왕은 자기 방에 앉아 이미 다른 군주들이 점령하고 있던 곳을 제외한 나머지 전세계를 단번에 점령했다.

이로써 인접해 있는 개인들의 토지가 어떻게 합쳐져 공공의 영토가 되는지 그리고 주권이 어떻게 신민으로부터 그들이 점유하고 있는 토지까지 확대되어 동시에 대인권과 대물권이 되는지를 알 수 있게 된다. 그로 인해 소유자들은 점점 더 주권에 의존하게 되고 그들이 가진 힘도 주권에 대한 충성을 보증하기 위해 활용되는 것이다. 이러한 이점을 고대의 군주들은 이해하지 못했던 것 같다. 그들은 스스로를 페르시아 사람, 스키타이 사람 그리고 마케도니아 사람의 왕으로 부르며 국토의 지배자이기보다 인민의 지배자로서 생각했던 것으로 보인다. 오늘날의 군주들은 보다더 현명하게 스스로를 프랑스, 스페인 또는 영국의 왕이라고 부름으로써 영토를 장악하면서 그 주민들도 확실하게 장악하고 있는 것이다.

이러한 양도가 지닌 특이한 사실은, 개인의 재산을 넘겨받으면서 공동체는 그들로부터 빼앗는 것이 아니라 오히려 합법적인 소유권을 보장한다는 것이다. 그로 인해 강탈을 진정한 권리로, 향유를 소유권으로 변화시킨다. 그리하여 재산을 소유한 사람들은 공공재산의 수탁자로 여겨지며, 그들의 권리는 국가의 모든 구성원들로부터 존중되며 외국인의 공격에 대해서는 국가 전체의 힘으로 보호된다. 재산의 소유자들은 이러한 양도에 의해 공공의 이익도 되고 개인 자신들에게는 더 많은 이익을 얻게 되므로, 그들이 포기했던 모든 것을 얻게 되는 것이라 할 수 있다. 나중에 살펴보겠지만, 이러한 역설은 동일한 토지에 대한 주권자와 소유자의 권리를 구별하는 것으로 쉽게 설명될 수 있다.

또한 어떤 것을 소유하기 전에 서로 협력하기 시작하여 모두가 사용하기에 충분한 토지를 점령하고 이를 공동으로 사용하거나 동등하게 혹은 주권자가 정한 비율에 따라 분할하는 경우도 생길 수 있다. 그러한 취득이 어떻게 이루어지는지와 상관없이 각 개인이 자신의 토지에 대해 갖는 권리는 언제나 공동체가 모든 토지에 대해 갖는 권리에 종속된다. 그렇게 되지 않는다면 사회적 결합에는 안정성도 없게 될 것이고 주권의 행사에도 현실적인 힘이 없게 될 것이다.

모든 사회 조직의 기초가 되어야만 하는 한 가지 사실을 언급하면서 제1부를 마치려 한다. 이 기본적인 계약은 자연적인 평등을 파괴하는 것이 아니라 자연이 사람들 사이에 일어날 수도 있게 하는 육체적인 불평등을 도덕적이고 합법적인 평등으로 대체한다는 것이다. 그리고 인간은 힘이나 지능에 있어서는 불평등할 수도 있지만 계약과 법적인 권리에 따라 모두 평등하게 된다는 것이다.(1-5)

제1부

1-1 '공적인 권리에 대한 연구는 종종 과거의 권력 남용에 대한 역사일 뿐
이다. 그런 것들을 너무 깊게 파고드는 연구는 쓸모없는 일이다.' (다
르장송 후작(d'Argenson : 1721~1782)의 《프랑스와 이웃 나라들의 이해
관계론》) 그로티우스가 했던 연구가 그렇다.

1-2 플루타르코스의 소논문, '동물도 추론한다' 참조.

1-3 지구상의 어느 나라보다 전쟁의 권리를 인정하고 존중했던 로마인
은, 이러한 면을 조심스러워 했으므로, 시민 스스로가 적에 맞서는 것
이며, 구체적인 어떤 적에 맞서는 것이라고 공개적으로 선언하지 않
는 한 지원병으로 복무하는 것을 허용하지 않았다. 젊은 카토가 처음
으로 복무했던 포필리우스의 군단이 개편되자 아버지 카토는 포필리
우스에게 편지를 보내 만약 자신의 아들을 계속 휘하에 두기를 원한
다면 새로운 군사 서약을 시켜야만 한다고 했다. 최초의 선서가 취소
된 것이므로 더 이상 적에 맞서 무기를 들 수 없기 때문이라는 것이었
다. 그는 아들에게도 편지를 보내 새로운 선서를 하기 전에는 전투에
참여하지 않도록 특별히 신경쓰라고 했다. 클루시움의 공성전이나 그
밖의 특별한 사건들을 인용하며 내 주장을 반박할 수도 있겠지만 나
는 다만 법과 전통을 인용하고 있는 것이다. 로마인들은 자신들의 법

을 거의 위반하지 않았으며, 그들보다 더 훌륭한 법을 가진 국민은 없었다.

1-4 이 말의 진정한 의미는 현재 거의 모두 사라져버렸다. 대부분의 사람들이 마을을 도시로, 마을 주민을 시민으로 잘못 알고 있다. 그들은 집들이 마을을 형성하지만 시민들이 도시를 구성한다는 것은 모르고 있다. 이와 똑같이 잘못된 생각으로 오래 전에 카르타고인들은 쓰라린 대가를 치러야 했다. 나는 시민이라는 칭호가 어떤 군주의 신민들에게 주어졌다는 기록은 전혀 읽어본 적이 없다. 비록 다른 누구보다 더 자유로웠던 고대의 마케도니아인이거나 오늘날의 영국인에게도 시민이라는 칭호는 주어지지 않았다. 오직 프랑스에서만 시민이라는 칭호를 어디에서나 일상적으로 사용하고 있지만, 그들의 사전에서 볼 수 있듯이, 시민이라는 칭호의 의미를 전혀 모르고 있었기 때문이다. 만약 알면서도 사용했다면 그들은 그 의미를 침해하는 것으로 불경죄를 범한 것이 될 것이다. 그들 사이에서 사용하는 '시민'은 권리가 아닌 미덕을 표현하는 것이다. 보댕(Bodin 1530~1596 : 프랑스의 법학자, 중상주의의 선구자)은 우리들의 시민과 마을 주민을 말하면서 서로 다른 계급으로 취급하는 중대한 실수를 저질렀다. 달랑베르는 '제네바'를 다루는 항목에서 그러한 오류를 피하면서 주민들을 네 계급으로 명확하게 구분했다(외국인까지 포함시켰을 때는 다섯 계급). 그들 중 두 개의 계급에 속하는 사람들만이 공화국을 구성하고 있다. 내가 알고 있기로는 그 외의 프랑스 저술가들은 아무도 시민이라는 칭호의 진정한 의미를 이해하지 못하고 있다.

1-5 나쁜 정부에서는 이러한 평등이 그저 피상적이며 환상일 뿐이다. 빈민은 줄곧 가난한 상태를 유지하고, 부자는 자신이 빼앗은 그 지위를 유지하는데 기여할 뿐이다. 실제로 법은 언제나 유산자에게는 도움이 되고 무산자에게는 불리하다. 따라서 사회적 상태는 모두가 어느 정도만 소유하고 너무 많이 가진 사람이 전혀 없을 때에만 유익하다.

제2부

제1장

주권은 양도될 수 없다

THAT SOVEREIGNTY IS INVALIENABLE

　지금까지 확립된 원칙들에 근거한 가장 중요한 첫 번째 결론은 공동선(共同善)이라는 국가 설립의 목적에 따라 일반의지만이 국가의 모든 힘을 이끌어나갈 수 있다는 것이다. 만약 개인들 간에 발생하는 특별한 이해관계의 충돌이 사회 건설을 필요하도록 만들었다면, 이러한 이해관계에 대한 합의가 사회 건설을 가능하게 만드는 것이기 때문이다. 서로 다른 이해관계 속에 내재된 공통적인 요소가 사회적 결합을 구성하는 것이다. 그들 사이에 합의할 수 있는 공통점이 전혀 없다면, 어떠한 사회도 존재할 수 없다. 모든 사회는 이러한 공동의 이익을 기반으로 통치되어야만 하는 것이다.

　따라서 주권은 일반의지를 실행하는 것일 뿐이므로 결코 양도될 수 없으며, 또한 주권자는 집합적인 존재일 뿐이므로 그 자신에 의해서만 대표될 수 있다고 주장한다. 즉, 권력은 당연히 양도될 수 있지만 의지는 그렇게 할 수 없다.

　실제로 개인의 의지가 일정한 문제에서는 일반의지와 일치하는 것이 불가능하지 않더라도 최소한 그러한 합의가 지속적으로 끝까지 지켜지기는 불가능하다. 일반의지는 평등을 지향하지만 개인의 의지는 본질적으로 편향적이기 때문이다. 이러한 합의를 보장하는 것은 더욱 더 불가능하다. 합의는 항상 유지되어야만 하지만, 인위적인 것이 아닌 우연에 의한 결과이기 때문이다.

주권자는 '지금 나는 어떤 사람이 원하는 것이거나 적어도 원한다고 말하는 것을 원한다'라고 말할 수는 있지만 '그가 내일 원하게 될 것을 나 또한 원할 것이다'라고 말할 수는 없다. 의지 자체를 미래에 구속하는 것은 불합리한 일이며, 또한 그 어떤 의지도 원하는 것이 있는 사람의 이익에 반하는 일에는 결코 동의할 수 없기 때문이다. 그러므로 만약 국민이 단순히 복종하겠다고 약속하면, 바로 그 행위에 따라 주권자로서의 국민은 해체되고 국민으로서의 자격도 잃게 된다. 지배자가 생기는 순간부터 주권자는 더 이상 존재하지 않게 되고, 그때부터 정치체는 파괴되고 만다.

그렇다고 하여, 지배자의 명령에 자유롭게 반대할 수 있는 주권자가 반대하지 않을 경우에도, 그들의 명령이 일반의지로 인정될 수 없다는 의미는 아니다. 이런 경우 전체적인 침묵은 국민의 동의를 의미하는 것으로 받아들여야 한다. 이것에 대해서는 나중에 설명하기로 한다.

제2장
주권은 분할될 수 없다
THAT SOVEREIGNTY IS INDIVISIBLE

주권은 양도될 수 없다는 것과 동일한 이유로 분할될 수 없다. 의지는 일반의지이거나(2-1) 그렇지 않은 것이기 때문이다. 즉, 의지는 국민 전체의 의지이거나 일부의 의지이다. 전자의 경우, 공표되었을 때 그 의지는 주권의 행위이며 법을 구성한다. 후자의 경우에는 단순히 특별한 의지이거나 행정기관의 행위로서 기껏해야 명령일 뿐이다.

하지만 구성 원리에 따라 주권을 분할할 수 없는 우리의 정치학자들은 그 대상에 따라 분할하고 있다. 즉, 힘과 의지, 입법권과 행정권, 과세권과 사법권 및 선전포고권, 국내 행정권과 외국과의 조약체결권 등으로 분할한다.

그들은 이 모든 부분들을 뒤섞기도 하고, 구별하기도 하면서, 주권자를 분리된 여러 부분으로 구성된 가공의 존재로 만들어버린다. 그것은 마치 눈과 팔 그리고 다리로만 이루어진 서로 다른 신체 부위로 인간을 조립하려는 것이나 다름없다. 일본의 곡예사들은 구경꾼들 앞에서 어린이의 손발을 잘라내 하나씩 공중에 던진 후, 온전한 몸으로 살아서 떨어지게 한다고 한다. 우리 정치학자들의 속임수도 그것과 다를 바 없다. 그들은 우선 곡예사들의 솜씨에 못지않은 착시를 일으켜 정치체를 분리시킨 다음, 알 수 없는 수법으로 다시 결합시켜 놓는 것이다.

이런 오류는 주권과 관련된 정확한 개념이 부족하여, 단지 주권의 발현일 뿐인 것을 주권의 일부분으로 생각하는데서 비롯된 것이다. 예를 들어 선전포고나 평화협정과 같은 행위들을 주권 행위인 것으로 간주하지만 이것은 잘못된 생각이다. 이러한 행위들은 법을 구성하는 것이 아니라 단순히 법을 적용하는 것으로, 법의 적용 방식을 결정하는 특별한 행위인 것이다. '법'이라는 단어에 딸린 개념이 명확히 규정되면 분명하게 알 수 있는 일이다.

그 밖의 다른 구분들도 동일한 방법으로 검토해 보면, 주권이 분할되어 있는 것처럼 보일 때에는 언제나 잘못이 있다는 것을 알 수 있다. 주권의 일부인 것으로 여겨지는 권리들도 사실은 모두 주권에 종속된 것이며, 언제나 이러한 권리들의 집행을 확인하는 최고 의지를 전제로 한다.

정치적 권리를 다루는 저자들이 자신들이 세운 원리에 따라 왕과 국민들 각자의 권리를 판단하려 할 때, 이러한 정확성의 부족이 그 결정을 얼마나 모호하게 만들었는가는 가늠하기 어려울 정도이다. 그로티우스의 첫 번째 책 3장과 4장을 보면, 저자는 물론 번역자인 바르베라크(Barbeyrac 1674~1744 : 프랑스 법학자)도 자신들의 생각을 지나치게 적게 혹은 충분히 말하지 못해서 절충해야만 하는 이해관계를 해치지는 않을까 하는 두려움 때문에 궤변에 빠져 허우적거리고 있다는 것을 알 수 있다.

자신의 조국에 불만을 품고 프랑스로 망명한 그로티우스는 루이 13세의 비위를 맞추기 위해 자신의 저서를 바치면서 국민의 모든 권리를 빼앗아 왕에게 건네주기 위한 온갖 술책을 기꺼이 활용했다. 그 책을 번역해 영국의 조지 1세에게 바친 바르베라크의 견해도 크게 다를 바 없었다. 하지만 불행하게도 자신이 '양위'라고 표현했던 제임스 2세의 추방(폐위)으로 인해 윌리엄 왕이 왕위 찬탈자가 되는 것을 피하기 위해, 어쩔 수 없이 조심스럽게 말을 돌리고 얼버무려야만 했던 것이다. 만약 그들 두 사람이 진정한 원리를 채택했다면 모든 어려움은 제거되었을 것이고 언제나 일관성을 갖추게 되었을 것이다. 하지만 그들로서는 슬픈 진실을 말하게 되는 것이어서 오직 국민의 환심만을 사게 되었을 것이다. 게다가 진실은 재산을 보장해주지도 않으며, 국민은 대사직이나 교수직은 물론 연금도 제공해주지 못한다.

제3장

일반의지도 틀릴 수 있는가

WHETHER THE GENERAL WILL IS FALLIBLE

앞서 논의한 것에 따르면, 일반의지는 언제나 올바르며 공공의 이익을 지향하지만 국민의 협의가 언제나 올바른 것은 아니다. 우리는 언제나 자신만의 행복을 원하지만, 그 행복이 무엇인가를 언제나 알고 있는 것은 아니다. 국민은 결코 타락하지 않지만 종종 속임수에 빠지며, 그럴 경우에만 잘못된 것을 원하게 되는 것으로 보인다.

모든 사람의 의지와 일반의지 사이에는 종종 커다란 차이가 있다. 후자가 공동의 이익만을 생각한다면 전자는 개인적인 의지가 합쳐진 사적인 이익만을 고려한다. 하지만 이러한 의지들에서 지나친 것과 모자라는 것을 상쇄하면,(2-2) 그 차이들의 합계로서 일반의지가 남게 된다.

만약 적절한 정보를 제공받은 국민이 협의를 하게 되고 시민들이 서로 의견을 나누지 않았다면, 사소한 의견 차이들은 일반의지로 모아지게 될 것이며 언제나 바람직한 결정을 내리게 될 것이다. 하지만 전체를 희생하면서 파벌과 부분적인 연합체가 형성된다면, 이러한 부분적 연합체들 각각의 의지는 그 구성원에 대해서는 일반의지가 되지만 국가에 대해서는 특별한 의지가 된다.

이렇게 될 경우, 인원수만큼 투표자가 있는 것이 아니라 부분적 연합체의 수만큼 투표자가 있는 것이라 할 수 있다. 의견 차이는 더 적어지겠지만, 보편적인 결과도 더 적게 도출될 것이다. 결과적으로 이런 부분적 연합체들 중의 하나가 나머지 집단들을 모두 압도할 정도로 커지면, 더 이상 사소한 의견 차이들의 합계가 아닌 단 한 가지의 차이라는 결과를 갖게 된다. 그럴 경우 더 이상 일반의지는 없으며 지배적인 의견은 단순히 특별한 의지가 되고 만다.

그러므로 일반의지가 제대로 표현될 수 있으려면 국가 내에 부분적 사회가 없어야만 하며 시민들 각자는 오직 자신만의 소신을 가져야만 한다.(2-3) 이것은 위대한 리쿠르고스(Lykurgos : 스파르타의 입법자, 토지 재분배로 사회개혁을 시도했다)가 정착시킨 독특한 최고의 제도였다. 하지만 부분적 사회들이 있다면, 솔론(Solon : 아테네의 정치가)과 누마(Numa : 고대 로마의 제2대 왕) 그리고 세르비우스(Servius : 고대 로마의 제6대 왕)가 했던 것처럼, 최대한 그 수가 많도록 하여 부분적 사회들 간의 불평등을 차단해야 한다. 이러한 예방조치만이 언제나 일반의지가 계발되도록 하고, 국민이 절대 속지 않도록 하는 유일한 방법이다.

제4장

주권의 한계 THE LIMITS OF THE SOVEREIGN POWER

만약 국가가 구성원들의 결합으로 생명을 갖게 되는 도덕적인 인격체이며, 스스로를 보존하는 것이 가장 중요한 관심사라면, 전체에 가장 이로운 방법으로 각 부분들을 이동시키고 배치하기 위한 보편적이고 강제적인 힘을 가져야만 한다. 자연이 인간에게 몸 전체를 움직일 절대적인 힘을 주었듯이, 사회계약 역시 정치체에게 모든 구성원들을 다스릴 절대적인 힘을 부여한다. 지금까지 설명했듯이, 일반의지에 의해 관리되는 이 힘이 바로 주권이라는 것이다.

하지만 이러한 공적인 인격체 외에도 그것을 구성하는 사적인 인격체도 고려해야 하는데, 그들의 생명과 자유는 본래 공적인 인격체와 관련이 없다. 그러므로 우리는 시민과 주권자 각각의 권리를 명확히 구분해야 한다. 또한 시민이 국민으로서 지켜야 할 의무와 인간으로서 누려야 하는 자연권도 명확히 구분해야만 한다.

각 개인은 사회계약에 따라 공동체의 관리를 위해 중요하다고 여겨지는 그들의 능력과 자유 그리고 재산과 같은 부분들만을 양도한다는 사실은 나도 인정한다. 하지만 중요한 것에 대한 판단은 오직 주권자만이 내린다는 사실 역시 인정해야만 한다.

시민은 주권자의 요구가 있을 때마다 국가를 위해 제공할 수 있는 모든 봉사를 즉시 제공할 의무가 있다. 하지만 주권자 쪽에서도 공동체에 유익하지 않은 어떠한 구속도 신민에게 부과하거나, 그렇게 하기를 원할 수도 없다. 자연의 법칙에서 그렇듯 이성의 법칙에서도 원인 없이는 어떠한 일도 일어날 수 없기 때문이다.

우리를 사회적 집단에 구속시키는 약속들은 오직 상호적인 것이기 때문에 의무가 되는 것이다. 이 약속들의 이행에는 자기 자신을 위하지 않으면서 남들을 위해 일할 수 없다는 특징을 갖고 있다. 만약 '각자'라는 단어가 자신을 의미하지 않으며, 모두를 위해 투표할 때 자신을 생각하는 사람이 전혀 없다는 이유가 아니라면, 일반의지는 왜 언제나 옳은 것일까? 그리고 모든 사람은 왜 끊임없이 각자의 행복을 원하는 것일까? 이것은 권리의 평등과 그로부터 생겨난 정의의 개념이 각자 자기 자신을 우선시하는 데서 비롯된 것이며, 결과적으로 인간의 본성에서 비롯된 것임을 증명해 준다. 이것은 일반의지가 명실상부한 것이 되려면 본질에서나 그 대상에 있어서도 일반적이어야 한다는 것으로, 모든 사람들로부터 비롯되어 모든 사람에게 적용되어야 한다는 것, 그리고 어떤 개별적이며 한정된 목적을 지향하게 되면 본래의 공정성을 잃게 된다는 것을 증명해 준다. 그럴 경우 우리와 관계없는 것이라고 판단하면서 우리를 이끌어줄 진정한 공정성의 원칙을 전혀 갖지 못하게 되기 때문이다.

실제로 일반적인 계약에 의해 미리 규정되지 않은 사항에서 개인적인 사실 관계나 권리가 제기되면, 그것은 곧 분쟁으로 발전한다. 이것은 이해관계를 가진 개인들이 한편의 당사자가 되고 공중이 다른 한편의 당사자가 되는 소송 사건이지만, 따라야 할 법률도 없고 판결해야 할 재판관도 없다. 이런 경우, 이 문제를 일반의지의 명확한 결정에 맡기는 것은 불합리한 일이다. 이 결정은 단지 어느 한 편의 당사자가 내리는 판단일 뿐이어서, 결과적으로 상대방에게는 불공평하고 오류에 빠지기 쉬운 외부적이며 특별한 의지인 것이다.

그러므로 특별한 의지가 일반의지를 대신할 수 없는 것처럼 일반의지도 그 대상이 특별하면 성격이 바뀌므로, 한 개인이나 한가지 사건에 대해 판결을 내릴 수 없다. 예를 들어, 아테네의 시민이 그 통치자들을 임명하거나 쫓아내고, 어떤 사람에게는 상을 내리고 다른 사람에게는 형벌을 가하며, 특별법들을 제정하여 정부의 모든 기능을 무차별적으로 실행했던 것은 엄격한 의미에서 일반의지라 할 수 없다. 그것은 주권자가 아닌 행정관으로서의 행동이었던 것이다. 이것이 일반적인 견해와 상반되는 것처럼 보일지도 모르겠지만, 나만의 견해를 상세히 설명할 시간을 가져야만 하겠다.

앞선 논의로부터 일반의지를 만드는 것은 투표자의 수보다 그들을 결합시키는 공동의 이익이라는 것을 알 수 있었다. 이런 제도 하에서는 자신이 다른 사람들에게 부과한 조건들을 반드시 준수해야만 하기 때문이다. 이러한 이익과 정의의 놀라운 일치는 공동의 협의에 공정한 성격을 부여해 준다. 이 공정성은 모든 개별적인 문제들을 논의할 때, 재판관의 판단 기준과 당사자의 기준을 하나로 묶어 일치시키는 공동의 이익이 없기 때문에 곧 소멸되고 만다.

이 원리를 어떤 측면에서 살펴보든 우리는 동일한 결론에 도달하게 된다. 사회계약은 모든 시민들 사이에 평등을 확립하는 것으로 즉, 시민은 모두 동일한 조건을 따르기로 약속하고 따라서 모두 동일한 권리를 향유할 수 있다는 것이다. 이와 같이 사회계약의 성질상 주권의 모든 행위, 즉 일반의지의 정당한 모든 행위는 모든 시민들에게 평등하게 의무를 부과하거나 혜택을 베푼다. 그러므로 바로 이러한 계약의 성격으로부터 모든 '주권 행위' 즉, 일반의지의 모든 인증된 행위는 모든 국민들을 동등하게 의무를 부여하거나 소중하게 여긴다. 그러므로 주권자는 오직 집단으로서의 국가를 인정할 뿐이며 그것을 구성하고 있는 각 개인들 사이에는 아무런 차별도 두지 않는다. 그렇다면 본래 주권의 행위란 무엇일까?

그것은 윗사람과 아랫사람 간의 계약이 아니라 집단과 그 집단의 각 구성원 간의 계약이다. 사회적인 계약을 기초로 하고 있기 때문에 합법적이며 모든 사람들에게 공통된 것이기 때문에 공평한 것이다. 오직 전체의 행복만을 목적으로 하기 때문에 유익하며 공공의 힘과 최고의 권력에 의해 보장되기 때문에 확고한 것이다. 이러한 계약을 준수하고 있는 한, 국민은 자신들의 의사 외에는 어느 누구에게도 복종하는 것이 아니다. 주권자와 국민의 권리가 어느 정도까지 미칠 수 있는가를 묻는 것은 국민들이 어느 정도까지 자기 자신들과(개인은 전체와, 전체는 개인과) 약속할 수 있는가를 묻는 것이다.

이것으로부터 우리는 주권이 절대적이고 신성하며 침범할 수 없다 할지라도 보편적인 계약의 한계를 넘지 못하며 넘을 수도 없다는 것, 그리고 모든 사람은 이러한 보편적인 계약에 따라 자신에게 위탁된 재산이나 자유를 자기 뜻대로 처분할 수 있다는 것을 알 수 있다. 그러므로 주권자는 절대 어느 한 국민에게 다른 국민보다 더 많은 의무를 부과할 권리를 가질 수 없다. 그럴 경우, 그 문제는 특별한 것이 되며 주권자의 권한 내에 있지 않게 되기 때문이다.

일단 이러한 구분들이 인정된다면, 개인의 입장에서는 이 사회계약에서 무언가를 실질적으로 포기했다는 것은 거짓이 되므로, 이 계약의 결과로 그들이 얻게 된 지위는 그 이전보다 훨씬 나아지게 된다. 권리를 양도하는 대신 유리한 교환을 하게 된 것이다. 즉, 불확실하고 불안정한 생활 대신 그들은 더 확실하고 보다 안정적인 생활을 얻게 되고, 자연적 독립 대신 자유를 얻으며, 남들을 해칠 힘 대신 자신들의 안전을 얻고, 다른 사람들이 정복할 수도 있는 자신들의 힘 대신 사회적 결합이 침해할 수 없도록 막아주는 권리를 얻는 것이다.

국가에 바친 그들의 생명도 국가에 의해 지속적인 보호를 받는다. 그렇다면 그들이 국가를 지키기 위해 목숨을 거는 것은 국가로부터 받은 것을 돌려주는 것일 뿐이지 않을까? 자연상태에서는 자신의 생존 수단을 지키기 위해 생명의 위험을 감수하며 불가피한 전투를 벌이면서 더욱 자주 그리고 더 큰 위험을 무릅쓰지 않았던가? 국가의 요구에 맞춰 모두 싸워야만 한다는 것은 사실이지만, 아무도 자기 자신을 위해 싸울 필요는 없다.

우리에게 안전을 제공해주는 국가의 안전이 사라지면, 우리 자신을 지키기 위해 무릅써야만 하는 위험의 일부를 감당하는 것이 이익이 되지 않을 수 있을까?

제5장

삶과 죽음에 대한 권리 THE RIGHT OF LIFE AND DEATH

자신의 생명을 처분할 권리가 없는 개인이 어떻게 갖고 있지도 않은 이 권리를 주권자에게 양도할 수 있는가라는 질문을 자주 받는다. 이 질문이 대답하기 어려운 것처럼 보이는 것은 질문이 잘못되었기 때문이다. 모든 인간은 자신을 보호하기 위해 생명을 걸 권리를 가지고 있다. 화재를 피하기 위해 창문에서 뛰어내린 사람에게 자살죄를 지었다고 하는 것을 들어본 적이 있을까? 또 위험한 줄 알면서도 배를 탔다가 폭풍우로 죽은 사람에게 자살죄가 적용된 적이 있었을까?

사회계약의 목적은 계약 당사자들의 생명을 보존하는 것이다. 목적을 이루려는 사람에게는 수단 역시 필요하며, 그 수단에는 일정한 위험과 희생도 포함되어 있다. 타인의 희생으로 자기의 생명을 지키려는 사람은 필요한 경우에는 그들을 위해 자신의 생명을 내놓아야 한다. 더 나아가 시민은 더 이상 법이 자신에게 요구하는 위험에 대해 판단하는 사람이 아니다. 군주가 그에게 '국가를 위해 당신이 죽어야만 한다'고 하면 죽어야 한다. 오직 그런 조건으로 지금까지 안전하게 살아온 것이며 그의 생명은 더 이상 단순한 자연의 선물일 뿐만 아니라 국가에게 조건부로 받은 선물이기 때문이다.

범죄자들에게 선고되는 사형도 이와 거의 비슷한 관점에서 살펴볼 수 있다. 살인을 저질렀을 때 사형당하는 것에 동의하는 것은 살인자에 의해 희생당하지 않기 위해서이다. 이러한 계약에서 우리는 자신의 생명을 처분하는 것으로 생각하지 않으며, 오히려 생명의 안전을 지키는 것이라고 생각한다. 그러므로 계약 당사자들은 그 누구도 자신이 교수형을 당할 것이라는 생각은 하지 않는 것이다.

또한 모든 범죄자는 사회적 권리를 침해하는 자신의 죄로 인해 조국에 대한 반역자와 배신자가 된다. 조국의 법을 위반하여 구성원으로서의 자격을 잃게 되고, 심지어 조국에 맞서 전쟁을 하는 것이 되고 만다. 그럴 경우 국가의 존립은 자신의 존립과 양립할 수 없게 되므로 둘 중 어느 한 쪽이 소멸해야만 한다. 범법자를 사형에 처할 때, 우리는 그를 시민이라기보다 적으로서 처형하는 것이다. 그 재판 과정과 판결은 그가 사회계약을 파괴했으며 그로 인해 더 이상 국가의 구성원이 아니라는 증명이며 선언이다. 그러나 그가 그곳에 살고 있다는 것으로 스스로를 국민이라고 인식하고 있으므로 사회계약의 위반자로서 추방되거나, 공공의 적으로서 사형에 처해져 국가로부터 제거되어야만 한다. 그러한 적은 도덕적 인격체가 아니라 단순한 인간에 불과하기 때문이다. 전쟁의 권리로 피정복자를 죽일 수 있다는 것이 바로 이러한 경우이다.

하지만 범죄자의 처벌은 개별적인 행위라고 주장하는 사람이 있을 것이다. 나도 그 견해를 인정하지만, 이러한 처벌은 주권자의 역할이 아니다. 그것은 주권자가 직접 행사할 수는 없지만 위임할 수 있는 권리이다. 나의 모든 생각은 일관되지만, 한꺼번에 모두 다 설명할 수는 없다.

잦은 형벌은 언제나 정부 측의 약점이거나 태만함을 나타내는 것이라 할 수 있다. 제아무리 악한 사람일지라도 일정한 쓸모가 있는 법이다. 본보기로 삼기 위해서일지라도 위험해서 살려둘 수 없는 사람을 제외하고는 사형에 처하는 것은 옳지 않다.

법에 의해 재판관이 선고한 형벌로부터 죄인을 사면해 줄 수 있는 권리는 오직 재판관과 법보다 높은 권한을 갖고 있는 주권자에게만 있다. 이러한 권리도 이런 문제에 있어서는 전혀 명확하지 않으며, 그 권리를 행사할 수 있는 경우도 극히 드물다. 올바르게 통치되고 있는 국가에서 형벌이 거의 없는 이유는 사면이 많기 때문이 아니라 범죄인이 드물기 때문이다. 국가가 쇠퇴하고 있을 때, 많은 범죄들이 처벌받지 않을 수 있다. 로마 공화국에서는 원로원이거나 집정관도 사면하려고 시도한 적이 없었다. 국민들도 가끔은 자신들의 판결을 취소하기는 했지만 사면한 적은 전혀 없었다. 자주 사면한다는 것은 조만간 범죄가 사면을 필요로 하지 않게 될 것임을 의미하는 것이며 그것이 어떤 결과로 이어질지는 누구나 명확히 알 수 있다. 하지만 나로서는 흔쾌하게 글을 더 써나가기 어렵다. 그러니 이러한 문제들은 지금까지 단 한 번도 죄를 저지르지 않았으므로 사면이 전혀 필요 없는 공정한 사람에게 넘겨주도록 하자.

제6장

법 LAW

사회계약에 의해 우리는 정치체에 존재와 생명을 부여했다. 이제는 입법에 의해 활동과 의지를 부여해야 한다. 정치체를 구성하고 결합하도록 한 최초의 행위는 여전히 정치체가 자체적인 존속을 위해 무엇을 해야만 하는가를 전혀 규정하고 있지 않기 때문이다.

올바르게 질서에 따르는 것은 사물의 본성으로 인간이 맺는 계약과는 관계가 없는 것이다. 모든 정의는 신에서 비롯되는 것으로, 오직 신만이 정의의 원천이다. 하지만 우리가 그처럼 숭고한 정의를 받아들일 수 있었다면 정부도 법률도 필요하지 않았을 것이다. 분명하게도 오직 이성에서만 나오는 보편적인 정의는 있다. 그러나 이 정의가 우리들 사이에서 인정되려면 상호적이어야 한다. 인간적으로 살펴보자면 자연적인 강제력이 없으므로 정의의 법은 인간들 사이에서는 효력이 없다.

정의의 법은 악한 자에게 유리하며, 공정한 자에게는 해를 끼친다. 정의로운 사람은 모든 사람에 대해 정의의 법을 지키지만 정의로운 사람에 대해서는 아무도 그 법을 지키지 않기 때문이다. 그러므로 권리와 의무를 결합시키고 정의를 그 대상에게 적용시키기 위해서는 협약과 법률이 필요하게 된다.

자연상태에서는 모든 것이 공유되므로 내가 아무것도 약속하지 않은 사람에게는 아무런 의무도 없으므로, 나에게 필요하지 않은 것만을 남의 것으로 인정한다. 사회상태에서는 법률에 의해 모든 권리가 결정되어 있으므로 사정이 달라지게 된다.

그렇다면 결국 법이란 무엇일까? 이 단어에 단지 형이상학적 관념만을 결부시켜 만족하는데 머무른다면, 우리는 아무런 합의도 이루지 못한 채 줄곧 논쟁만 하게 될 것이다. 또한 자연의 법을 명확히 정의했다 해도 국가의 법에 대한 정의에 더 가까이 다가갈 수 없을 것이다.

앞에서 나는 개별적인 대상을 상대로 한 일반의지는 있을 수 없다고 했다. 그런 대상은 국내이거나 국외에 있을 수도 있다. 국외에 있다면 국가와 무관한 의지는 국가와의 관계에서 일반적일 수 없다. 국내에 있다면 그것은 국가의 한 부분이 된다. 그럴 경우 전체와 부분 사이에는 그 둘을 별개의 존재로 만드는 관계가 성립되는데, 그 하나는 부분이며 다른 하나는 그 부분을 제외한 전체가 되는 것이다. 하지만 부분을 제외한 전체는 전체가 될 수 없으며, 이러한 관계가 존속하는 한 전체는 있을 수 없고 불균등한 두 부분이 있을 뿐이다. 그로 인해 한 부분의 의지는 다른 부분과의 관계에 있어 결코 일반적이지 않게 된다.

하지만 전 국민이 국민 전체와 관련된 법을 제정한다면, 오직 국민 자신만을 고려하게 된다. 그로 인해 어떤 관계가 형성된다면 그것은 대상 전체에 대한 두 가지 관점에 따른 것이지, 전체에 어떤 분열이 있는 것은 아니다. 그럴 경우 법이 적용되는 대상도 법을 규정하는 의지와 마찬가지로 일반적인 것이 된다. 이러한 행위가 바로 내가 법이라고 부르는 것이다.

내가 법의 대상은 언제나 일반적이라고 말할 때, 법은 국민을 전체로 그리고 행위를 추상적인 것으로서 고려하며 결코 특별한 개인이거나 행위는 고려하지 않는다는 뜻이다. 그러므로 법으로 일정한 특권들이 있다고 정할 수는 있지만, 그것들을 어떤 사람을 지명해 제공할 수는 없다.

시민을 여러 계급들로 나누고 그러한 계급들의 구성원이 될 자격까지 정할 수는 있지만, 특정한 사람들을 이러한 계급들에 속하도록 지명할 수는 없는 것이다. 또한 군주제 정부나 왕위 세습제를 정할 수는 있지만, 왕을 선택하거나 왕족을 지명할 수는 없다. 한마디로 특정한 대상에 대한 그 어떠한 기능도 입법권에 속하지 않는다는 것이다.

이러한 관점에서 입법행위란 일반의지의 행위이기 때문에 입법의 권한이 누구에게 있는가는 더 이상 물어볼 필요조차 없다는 것을 즉시 알 수 있다. 게다가 군주도 국가의 한 구성원이기 때문에, 군주가 법 위에 있는가 역시 물어볼 필요가 없다. 또한 자기 자신에게 불공정할 수 없기 때문에, 법이 불공정할 수 있는가도, 법은 단지 우리의 의지를 기록한 것일 뿐이므로 우리가 자유로우면서도 어떻게 법에 복종할 수 있는가도 물어볼 필요조차 없다.

더 나아가, 법은 의지와 대상의 보편성을 결합하고 있는 것이므로, 그가 누구든 자신의 개인적 동기에 의한 명령은 법이 될 수 없다는 것도 알 수 있다. 심지어 주권자가 특정한 문제에 대한 명령을 내리는 것은 법이라 할 수 없는 행정명령일 뿐이며, 주권자가 아닌 행정기관의 행위일 뿐이다.

그러므로 나는 정부 형태와 상관없이 법에 의해 통치되는 모든 국가를 공화국이라 부른다. 오직 그렇게 될 경우에만 공공의 이익이 우선시되며 공공의 일이 중요해지기 때문이다. 모든 합법적인 정부는 모두 공화제이다.(2-4) 정부가 무엇인가에 대해서는 나중에 설명하기로 한다.

정확하게 말하자면, 법은 단지 사회적 결합의 조건일 뿐이다. 법에 복종하는 국민이 법의 제정자가 되어야만 한다. 사회의 조건은 오직 그 사회를 구성하기 위해 결합하는 자들에 의해서만 규정될 수 있는 것이다. 그런데 그들은 사회의 조건을 어떻게 규정할까? 공동의 합의에 따를 것인가, 아니면 순간적인 영감에 따를 것인가? 정치체에는 그 의지를 분명하게 밝힐 기관이 있을까? 누가 미리 정치체의 행위들을 작성하고 공포하기 위한 선견지명을 제공할 수 있을까? 또는, 정치체는 필요한 때 행위들을 어떻게 공표할 수 있을까? 무엇이 자신에게 이로운지 좀처럼 모르기 때문에 종종 자신이 원하는 바를 모르는 눈먼 대중이 어떻게 입법 제도와 같은 중대하고도 어려운 사업을 스스로의 힘으로 수행할 수 있을까?

국민은 항상 자신의 행복을 원하지만, 스스로는 그 행복이 무엇인지를 전혀 알지 못한다. 일반의지는 언제나 올바르지만 그것을 이끌어가는 판단이 언제나 현명하지는 않다. 그러므로 일반의지는 그 대상을 있는 그대로 보도록 해야만 하며, 때로는 마땅히 되어야만 하는 형태로 보여주어야 한다. 일반의지가 찾고 있는 바른 길을 보여주어야만 하며, 개인적인 의지의 유혹으로부터 지켜야 하고, 또 시간과 장소를 연속적으로 살펴볼 수 있도록 하여 현재의 감각적인 이익의 유혹과 미래에 감춰진 재난의 위험을 평가할 수 있도록 해야 한다.

개인들은 행복을 알면서도 거부하고, 공중은 행복을 원하지만 그것을 제대로 알아차리지 못한다. 양쪽 모두 지도해줄 필요가 있다. 개인들은 그들의 의지를 이성과 일치시키도록 해야만 하며, 공중은 자신들이 원하는 바가 무엇인지를 가르쳐 주어야만 한다. 그렇게 된다면 공중의 계몽은 사회 집단 내에서 판단과 의지가 합쳐지도록 이끈다. 그로부터 각 부분의 정확한 협력이 이루어져 전체는 최대의 힘을 발휘하게 된다. 바로 이러한 것이 입법자가 필요한 이유가 된다.

제7장

입법자 THE LEGISLATOR

국가에 가장 적합한 사회규칙을 발견하기 위해서는 인간의 모든 욕망을 잘 알지만 경험해보지는 않은 뛰어난 지성적인 존재가 필요할 것이다. 인간의 본성을 철두철미하게 알고 있지만 그 본성과는 전혀 무관하며, 자신의 행복이 우리의 행복과는 아무런 관계도 없어야 하지만, 우리의 행복에는 관심이 있어야만 한다. 또한 시간의 흐름 속에서 미래의 영광만을 기대하고, 한 세기에 노력하고 다음 세기에 즐길 줄 아는 존재여야 한다.(2-5) 인간들에게 법을 만들어주기 위해서는 신들이 필요할 것이다.

플라톤은 자신의 저서 《국가론》에서 시민이나 왕을 정의하면서, 칼리굴라가 사실들에 근거해 추론했던 것과 같은 방법을 권리의 근거로 사용했다. 하지만 위대한 군주가 드물다면, 과연 위대한 입법자는 얼마나 더 드물까? 군주는 단지 입법자가 정해 준 모형을 따르면 된다. 입법자는 기계를 발명하는 기술자이지만 군주는 단순히 그 기계를 조립해 운영하는 직공에 불과하다. 몽테스키외(Charles De Montesquieu 1689~1755 : 프랑스 계몽주의 시대의 정치학자, 대표 저서로 《법의 정신》이 있다)는 '사회의 발생 초기에는 공화국의 통치자들이 제도를 만들어내지만, 그 후로는 제도가 통치자들을 만들어낸다'고 말한다.

감히 국민의 제도를 만들려 하는 자는 인간의 본성을 변화시킬 자신이 있어야 한다. 스스로 완전하고도 고립된 전체를 이루고 있는 개인을 보다 더 큰 전체로 결합해 그로부터 자신의 생명과 존재를 부여받도록 하는 것이다.

인간의 조직을 강화하려는 목적으로 개조하며, 자연으로부터 받은 독립적이고 육체적인 존재를 부분적이고 정신적인 존재로 바꿀 수 있다는 생각을 가져야만 한다. 한마디로 말해, 그는 인간으로부터 본래의 힘을 제거하고, 그 대신 지금까지 알지 못했으며 남의 도움 없이는 쓸 수 없었던 새로운 힘을 제공해야 한다. 이러한 본래의 힘이 완전하게 소멸될수록 새로 얻은 힘은 더욱 크고 지속적인 것이 되며, 새로운 제도 역시 더욱 확고하고 완전하게 되는 것이다. 그리하여 각 시민이 다른 시민의 도움 없이는 아무런 가치도 없으며, 아무것도 할 수 없게 되고, 또한 전체가 얻은 힘이 모든 개인이 지닌 힘을 모은 것과 같거나 그보다 더 크게 된다면, 입법은 도달 가능한 최고의 정점에 도달한 것이라 말할 수 있다.

입법자는 모든 면에서 국가 내의 특별한 지위를 차지하고 있다. 재능도 탁월해야 하지만, 그 직무에 있어서도 탁월해야만 하는 그의 직무는 행정관도 아니고 주권자도 아니다. 그의 직무는 공화국을 조직하는 것이지만 국가 기구에 포함되지는 않는다. 그 것은 인간의 세계와는 공통점이 전혀 없는 특별하고 우월한 기능을 갖고 있다. 만약 인간을 지배하는 자가 법을 지배해서는 안 된다고 한다면, 법을 지배하는 자도 인간을 지배해서는 안 되기 때문이다. 그렇지 않다면 그의 법은 자신의 욕망을 실현하는 수단이 될 것이며, 종종 자신의 부정을 영속화하게 될 것이다. 즉, 그의 개인적인 목표들은 필연적으로 그가 만든 법의 신성함을 손상시킬 것이다.

리쿠르고스는 자신의 조국에 법을 만들어줄 때, 우선 왕위에서 물러났다. 대부분의 그리스 도시에서는 법률 제정을 외국인에게 위임하는 것이 관례였다. 근대 이탈리아의 공화국들도 이러한 관례를 따르는 경우가 많았다. 제네바 공화국은 이 관례를 따라 좋은 성과를 거두었다.(2-6) 로마는 그 전성기에 입법권과 주권을 동일한 몇몇 사람에게 주었기 때문에 전제정치의 모든 범죄들이 되살아나면서 마침내 멸망직전까지 다다르게 되었다.

그럼에도 불구하고 로마의 10인 위원회들은 단순히 자신들의 권위만으로 법률을 제정할 권리가 있다고 주장하지 않았다. 10인 위원회는 국민들에게 '우리가 여러분들에게 제안하는 어느 것도 여러분의 동의 없이는 법으로서 통과될 수 없습니다. 로마인

여러분 스스로가 자신들을 행복하게 만들어 줄 법의 제정자가 되어야 합니다'라고 말했다.

그러므로 법을 작성하는 자는 입법권이 없으며, 입법권을 가져서도 안된다. 국민 역시 자신들이 원한다 해도 양도할 수 없는 이 권리를 스스로 박탈할 수 없다. 기본적인 계약에 따르자면 오직 일반의지만이 개인들을 구속할 수 있으며 어떤 특별한 의지가 일반의지와 일치하는가는 국민의 자유투표가 있기 전까지는 확실하게 판단할 수 없기 때문이다. 이것은 이미 설명했지만, 되풀이하는 것도 무익하지는 않을 것이다.

따라서 입법 작업에서는 양립할 수 없는 것처럼 보이는 두 가지 사실을 발견하게 된다. 그 중 한 가지는 인간의 힘으로는 해내기 어렵다는 것이며 다른 한 가지는 아무런 권한도 없는 권위자가 실행한다는 것이다.

또 한 가지 주의해야 하는 어려움이 있다. 현자들이 일반인들의 언어 대신 자신들의 언어로 말하려 한다면 일반대중은 그것을 이해할 수 없다는 점이다. 일상 언어로는 전달할 수 없는 사상들이 수없이 많다. 너무 포괄적인 개념들이거나 너무 고상한 목적은 모두 일상 언어로 이해할 수 없다. 각각의 개인은 자신의 특별한 이익과 관련이 있는 정부의 계획 외에는 관심이 없으므로 좋은 법에 의해 줄곧 부과되는 고난으로부터 이익을 얻을 수 있다는 것을 깨닫기 어렵다.

그래서 새롭게 형성된 국민이 정치 이론의 건전한 원칙을 기꺼이 받아들이고 국가 운영의 기본적인 규칙을 따를 수 있도록 하기 위해 결과가 원인이 되도록 해야만 한다. 즉 입법의 결과로 형성되어야만 하는 사회정신이 입법 자체의 기초가 되어야만 하며, 인간은 법의 제정 이전에 법에 의해 형성되어야만 하는 인간이 되어 있어야 한다. 그러므로 강제력이거나 추론을 사용할 수 없는 입법자는 폭력 없이 강제할 수 있으며, 강요 없이도 설득이 가능한 전혀 다른 질서에 속하는 권위에 의존해야만 한다.

이것이 바로 모든 시대의 건국 지도자들이 국가의 법률을 국민들이 자연의 법칙처럼 따르도록 하기 위해 신성의 개입에 의존하고 자신들의 지혜를 신의 영광으로 돌리도록 만들었던 이유였다. 그들은 국가의 구성도 인간의 창조와 마찬가지로 신의 권능이라는 것을 인정하도록 만들어 기꺼이 복종하고 공공의 복지라는 굴레를 순순히 감내하도록 했던 것이다.

이와 같은 숭고한 이유는 일반대중이 이해하기 어려워 입법자는 신의 권위를 빌어 설명하여 인간의 사리분별로는 움직일 수 없는 사람들을 신성한 권위로 강제하려는 것이다.(2-7)

하지만 아무나 신의 말씀을 대신 전할 수 있는 것도 아니고 스스로 신의 대변자라 주장해도 쉽게 믿도록 할 수는 없다. 입법자의 위대한 정신만이 그 자신의 사명을 증명할 수 있는 유일한 기적인 것이다. 누구라도 석판에 글을 새기거나 신탁(神託)을 돈으로 살 수 있을 것이며, 어떤 신과 비밀스러운 관계가 있는 체하거나 새를 훈련시켜 자신의 귀에 속삭이도록 하는 등의 야비한 방법들로 국민을 속일 수 있다. 이 정도의 일을 꾸미는 사람은 아마 어리석은 군중을 자기 주변으로 끌어모을 수는 있겠지만 결코 제국을 세울 수는 없으며, 터무니없는 그의 행위는 자신의 죽음과 함께 소멸해버리고 말 것이다. 헛된 속임수는 일시적인 유대를 형성하지만 오직 지혜만이 그 관계를 지속시킬 수 있다. 오늘날까지 유지되고 있는 유대인의 계율과 10세기 동안 세계의 반을 지배하고 있는 이스마일의 아들(이슬람교를 만든 마호메트. 아브라함의 아들 이스마일의 자손이라고 주장한다)의 율법은 여전히 그것을 작성한 사람들의 위대함을 증명하고 있다. 오만한 철학이거나 맹목적인 파벌 정신은 그들을 단지 운이 좋은 사기꾼쯤으로 생각하지만, 진정한 정치가는 그들이 정립한 제도 속에서 오랫동안 지속되는 제도에서 나타나는 위대하고 강력한 천재성을 발견하고 경탄한다.

이런 모든 것으로부터 우리는 워버튼(Warburton : 영국의 신학자, 저서로 《교회와 국가의 결합》이 있다)이 그랬던 것처럼, '정치와 종교는 우리들 사이에 공통의 목적을 갖고 있다'는 결론을 내려서는 안

될 것이다. 단지 국가가 만들어지는 초기에는 하나가 다른 하나
의 도구로 활용된다고 결론지어야 할 것이다.

제8장

국민 THE PEOPLE

건축가가 커다란 건물을 짓기 전에 건물의 무게를 지탱할 수 있을지를 가늠하기 위해 땅을 측량하고 살펴보듯이 현명한 입법자는 훌륭한 법을 만드는 것부터 시작하지 않고, 먼저 법을 적용받게 될 국민이 법을 받아들이기에 적합한가를 연구한다. 플라톤이 아카디아인과 키레네인들에게 법의 제정을 거절했던 것은 부유한 그 국민들이 평등을 참아내지 못할 것을 알았기 때문이었다. 크레타섬에서 법은 훌륭했지만 악인들이 있었던 이유는 미노스 왕이 이미 악습에 물들어 있는 국민에게만 규율을 부과했기 때문이었다.

지구상에는 절대 훌륭한 법을 지키며 살 수는 없었지만 위대한 업적을 남긴 국민들이 많으며, 훌륭한 법을 지키며 살 수 있었던 국민들도 아주 짧은 기간 동안만 그렇게 할 수 있었다. 대부분의 사람들이 그렇듯이 대부분의 국민들은 청년기에만 유순하며 나이가 들면서 점점 바로잡을 수 없게 된다. 일단 관습이 자리 잡고 편견의 뿌리가 깊어지면 그것을 개혁하려는 시도는 위험하고 무익한 일이 되고 만다. 의사만 보아도 미친 듯이 소리를 내지르는 어리석고 겁이 많은 환자처럼 그러한 잘못을 바로잡기 위해 손만 내밀어도 참지를 못하는 것이다.

인간의 두뇌를 혼란시키고 과거를 잊게 만드는 질병이 그렇듯이 국가의 역사에서도 폭력과 혁명의 시기에는 마치 그 질병이 개인에게 일으키는 것과 같은 결과를 국민에게 가져올 수 있다. 과거에 대한 혐오가 망각을 대체하게 되고 국가는 내란으로 파괴되지만 이른바 잿더미 속에서 다시 일어난 국가는 젊음의 활력을 되찾게 되는 것이다. 리쿠르고스 시대의 스파르타와 타르퀴니우스(Tarquinius : 로마 왕정시대의 마지막 왕. 이 왕이 쫓겨난 이후 로마는 공화정 시대를 열었다) 왕가 이후의 로마, 그리고 현대에는 폭군들 추방 이후의 네덜란드와 스위스가 그랬던 것이다.

하지만 그러한 사건들은 드물게 일어나는 예외적인 것으로 원인은 언제나 국가와 관련된 특수한 구조에서 찾을 수 있다. 그런 사건은 같은 국민에게 두 번 일어날 수 없다. 국민은 야만의 상태에 머물러 있는 동안에는 스스로를 자유롭게 할 수 있지만, 시민으로서의 활력이 소진되면 그렇게 할 수 없기 때문이다. 그렇게 되면 소요에 의해 국민을 파괴할 수 있다 해도 혁명으로 바로잡을 수 없다. 그들을 연결하던 쇠사슬이 끊어지면 곧 분리되어 더 이상 존속하지 못하게 된다. 그 후부터 국민에게 필요한 것은 주인이지 해방자는 아닌 것이다. 자유로운 국민들은 이러한 진실을

기억해야 한다. '자유는 획득할 수는 있지만 절대 회복할 수 있는 것은 아니다.'

청년기는 유년기가 아니다. 사람이 그렇듯 국민도 청년기 혹은 성숙기가 있어서 이 시기가 되기 전에는 법에 복종하도록 강요하지 않아야 한다. 하지만 국민의 성숙기는 언제나 쉽사리 판단할 수 없으므로 너무 일찍 서두르게 되면 노력은 헛수고가 되고 만다. 초기부터 규율을 잘 지키는 국민도 있지만, 천년이 지나도록 그렇게 할 수 없는 국민도 있다.

러시아인들은 너무 일찍 개화되었기 때문에, 진정으로 개화되는 일은 절대 없을 것이다. 표트르 대제(Pyotr I 1672~1725 : 러시아 최초의 황제)에겐 모방하는 재능이 있었지만 무(無)에서 모든 것을 창조해 낼 수 있는 진정한 재능은 부족했다. 그는 몇 가지 훌륭한 일들을 했지만 대부분은 부적절한 것이었다. 그는 러시아의 국민이 야만 상태에 있다는 것은 알았지만 개화될 만큼 성숙하지 않다는 사실은 몰랐으므로, 먼저 훈련이 필요한 국민을 개화시키려 했던 것이다. 그는 국민을 우선 러시아인으로 만들어야만 했지만 독일인이나 영국인으로 만들고 싶어 했다. 그리고 국민들을 있는 그대로가 아닌 다른 국민인 것처럼 믿도록 하여, 당연히 되었을 수도 있는 그런 국민이 되는 것을 막았던 것이다.

이것은 프랑스의 교사들이 자신의 학생을 신동이 될 것처럼 가르치지만 그 후로는 아무 것도 할 수 없도록 만드는 것과 같은 방식이다. 러시아 제국은 유럽 정복을 열망하지만 스스로가 정복당하게 될 것이다. 러시아의 속국 혹은 인접국인 타타르(칭기스칸의 종족으로 러시아의 대표적인 이슬람 민족이다)는 내가 불가피하다고 생각하는 혁명에 의해 러시아와 우리의 지배자가 되고 말 것이다. 실제로 유럽의 모든 왕들이 서로 협력하여 그렇게 되기를 재촉하고 있다.

제9장

국민(계속) THE PEOPLE

자연이 적절한 인간의 키에 한계를 정해 놓고 그 한계를 벗어나면 거인이나 난쟁이가 되도록 한 것처럼 국토가 너무 넓어 통치하기 어렵거나 너무 좁아 스스로를 유지하기 어렵지 않도록 하기 위해 국가의 이상적인 구조에도 일정한 한계를 둘 수 있다. 모든 정치체에는 넘어설 수 없는 최대치의 힘이 있어서, 국토를 과도하게 확장시킨 후에 종종 쇠퇴하는 경우도 있다. 사회적 유대는 확장될수록 느슨해진다. 일반적으로 말하자면, 상대적으로 작은 국가가 큰 국가보다 더 강하다.

이 원칙을 증명해주는 수많은 이유들이 있다. 첫째, 지렛대가 길수록 그 끝이 더 무거워지는 것처럼 통치할 구역이 넓어질수록 관리하기는 더 어려워진다. 또한 행정 단위가 증가하게 되면 그만큼 점점 더 큰 어려움을 겪게 된다. 우선 각 도시에는 국민이 비용을 부담해야 하는 행정조직이 있으며, 각 지역에도 역시 국민이 비용을 부담해야 하는 행정조직이 있다. 그리고 나서도 각 주와 태수령(太守領), 총독령(總督領) 등 언제나 더 많은 비용을 부담해야 하는 대규모의 행정조직이 있어서 그 모든 비용을 늘 불행한 국민이 부담해야 한다. 최종적으로 나머지 모든 조직을 압도하는 최상위의 행정조직인 정부가 있다. 이러한 과도한 비용은 모두 국민을 지속적으로 고갈시킨다. 이러한 여러 단계의 체제에 의해 더 잘 다스려지는 것이 아니라 오히려 오직 한 단계의 당국만이 있는 경우보다도 더 나쁘게 다스려지게 되는 것이다. 또한 비상시에 대처할 충분한 자원이 없어서 정작 그 자원을 사용해야만 할 때 국가는 언제나 파멸 직전으로 내몰리게 된다.

이것이 전부는 아니다. 정부는 법의 준수를 확립하고, 불법 행위를 방지하며, 폐단을 바로잡고, 멀리 떨어진 곳에서 일어날 수 있는 반란 음모를 방지하는 데 필요한 구속력과 신속성이 떨어지게 된다. 또한 국민들은 한 번도 본 적이 없는 통치자에 대해서나 그들의 눈에는 나머지 세계와 다를 바 없는 조국에 대해 그리고 대부분이 낯선 사람들인 동포들에 대해서도 그다지 애정을 갖지 못하게 되는 것이다.

풍습이 다르고 다양한 기후 속에 살며 동일한 형태의 정부를 가질 수도 없는 다양한 지방에 똑같은 법률을 적용할 수는 없다. 동일한 통치자 밑에서 서로 지속적으로 왕래하고 뒤섞이며 서로 혼인을 맺기도 하며 새로운 관습을 따르게 되면서 자기들만의 세습적인 재산이 어떤 것인지도 모르게 된 국민들에게 서로 다른 법이 적용되면 오직 분쟁과 혼란이 초래될 뿐이다.

중앙 행정부가 있는 한 곳으로 서로 모르는 사람들이 몰려들게 되면 재능은 묻혀버리고 선행은 알려지지 않으며 악덕은 벌을 받지 않게 된다. 자신의 업무에 파묻힌 지도자들은 아무것도 직접 확인하지 않게 되어 국가는 하급관리들이 통치하게 된다. 결국 중앙정부의 권위를 유지하기 위해 취해야만 하는 조치들을 멀리 떨어진 지방 관리들이 회피하거나 속이려는 것을 방지하는데 집중하게 된다. 그로 인해 국민들의 행복을 위한 여력은 전혀 남지 않게 되고 필요할 때 국가를 제대로 지켜줄 수도 없게 된다. 그러므로 지나치게 규모가 큰 국가는 스스로의 무게에 눌려 서서히 무너져 내리게 된다.

다른 한편으로 국가는 언젠가는 겪어야만 하는 충격을 견디고 안정성을 확보하고 스스로를 유지하기 위한 노력을 통해 일정한 기반을 확보해야만 한다. 모든 국민에게는 일종의 원심력이 있어서 마치 데카르트(Rene Descartes 1596~1650 : 프랑스의 철학자, 수학자, 과학자. 모든 진리는 수학적, 과학적 근거로부터 인식해야 한다는 합리론을 주장하여 근대철학의 길을 열었다)의 와동설(渦動說)처럼 지속적으로 서로에게 적대적으로 행동하면서 이웃을 희생시키고 자신을 확대하려는 경향이 있기 때문이다. 그로 인해 약자는 쉽게 잡아먹히게 될 수 있다. 누구든 스스로를 다른 모든 사람들과의 균형 상태에 놓아두어 모든 방향에서 닥쳐오는 압박이 실질적으로 같아지도록 하지 않는다면 스스로를 지키는 것은 거의 불가능하다.

이것으로부터 우리는 규모를 확대하는 이유와 축소하는 이유가 있다는 것을 알 수 있다. 확대와 축소 사이에서 국가의 보존에 가장 유리한 비율을 찾아내는 것이 바로 정치인의 재능인 것이다. 확대의 이유는 대외적이고 상대적인 것이므로 대내적이고 절대적인 축소의 이유에 종속되어야만 한다고 말할 수 있을 것이다. 강력하고 건전한 국가 조직이 추구해야 할 첫 번째 문제이며, 드넓은 국토가 제공하는 자원보다 훌륭한 정부에서 비롯되는 활력에 기대를 거는 것이 더 낫다.

하지만 정복의 필요성을 자신들의 헌법 속에 포함시켜 스스로를 유지하기 위해서는 끊임없이 영토를 확장해야만 했던 국가들이 있었다. 어쩌면 이러한 상서로운 필요성을 스스로 경축했을 수도 있다. 그렇지만 이러한 필요성은 확장의 한계와 더불어 필연적으로 몰락의 순간을 가리키는 것일 뿐이다.

제10장
국민(계속)

　정치체의 크기는 두 가지 방법으로 측정할 수 있다. 영토의 넓이와 국민의 수에 의한 이 두 가지 측정 방법 사이에는 국가를 실제로 위대하게 만드는 적절한 비율이 있다. 국민이 국가를 만들며 영토가 그 국민을 양육하므로, 적당한 비율이란 토지가 주민이 먹고 살기에 충분해야 하며, 그곳에 부양할 수 있는 최대한의 주민이 있어야만 한다는 것이다. 이 비율 속에 일정한 수의 국민이 발휘할 수 있는 '최대의 힘'이 있다. 토지가 너무 넓으면 지키기 어렵고 경작하기에 부적절해, 필요한 것보다 더 많이 생산하게 되고 머지않아 방어적인 전쟁이 일어나게 될 것이기 때문이다. 또 경작이 충분하지 않으면 필요한 것들을 이웃 국가들에 의존하게 되어 머지않아 공격적인 전쟁을 일으키게 될 것이다.

　무역과 전쟁 외에는 선택의 여지가 없는 상황에 빠져 있는 국민이라면 모두 그 자체로 약한 것이다. 이웃 국가와 주변 정세에 의존하게 되어 그들의 존립은 단기적이고 불안해질 수밖에 없다. 그래서 다른 나라의 국민을 정복하여 상황을 변화시키거나 정복을 당해 없어지게 된다. 국민의 자유는 오직 작거나 크다는 이유에 의해서만 지켜질 수 있는 것이다.

영토의 면적과 인구가 서로 적절해지는 고정된 비율을 숫자로 표현할 수는 없다. 토지의 품질과 비옥한 정도, 생산물의 성질, 기후의 영향 그리고 그곳에 거주하는 사람들의 기질에도 차이가 있기 때문이다. 비옥한 지역에 살지만 적게 소비하는 사람도 있고 불모지에 살면서도 많이 소비하는 사람도 있다. 또 여성의 출산 능력과 그 나라의 인구에 대한 관심 정도 그리고 입법자가 제도에 의해 기대할 수 있는 영향력 등도 고려해야만 한다. 그러므로 입법자는 눈에 보이는 것이 아니라 앞으로 예상되는 상황에 따라 판단해야 하며, 현재의 인구 상태가 아닌 앞으로 자연스럽게 도달하게 될 인구를 고려해야만 한다.

끝으로 지역의 특별한 상황에 의해 필요해 보이는 것보다 더 큰 영토를 차지하는 것이 요구되거나 허용되는 경우도 수없이 많다. 산악 지역에 있는 국가는 더 많은 영토를 차지하게 된다. 목재와 축산 등의 천연 생산물을 얻는데 적은 노동력이 필요하고, 평원보다 여성의 출산율이 더 높은 것으로 알려져 있으며, 경사면이 많아 경작지로 사용할 만한 토지가 적기 때문이다. 반면에 해안 지역의 국가는 영토가 좁아도 된다. 영토가 경작이 불가능한 바위나 모래밭이지만 어업이 토지 생산물의 부족을 상당히 보충할 수 있기 때문이다. 해적을 쫓아내기 위해 주민들은 모여 살아야만 하기 때문이며, 더 나아가 식민지 개척을 통해 과잉인구로 인한 부담을 더 쉽게 해소할 수 있기 때문이다.

이러한 법 제정의 조건들에 다른 한 가지를 추가해야만 한다. 나머지 조건들을 대체할 수는 없지만 이것 없이는 모두 무용지물이 되고 만다. 그것은 바로 국민이 평화와 풍요를 누려야 한다는 것이다. 한 국가가 형성되는 시기는 군대가 편성되는 때와 마찬가지로 정치체의 저항력이 가장 약하고 가장 파괴되기 쉽기 때문이다. 각자가 자신의 지위를 차지하는데 몰두하며 위험에는 신경을 쓰지 않고 동요하는 시기보다 완전히 혼란한 시기에 더 강하게 저항할 수 있을 것이다. 이러한 위기의 시기에 전쟁이나 기근 또는 폭동이 일어난다면 국가는 필연적으로 전복될 것이다.

그러한 격동의 시기에 수립된 정부가 많지 않았다는 것은 아니지만 그럴 경우에는 그 정부 자체가 국가를 파괴하고 만다. 권력을 빼앗으려는 자들은 언제나 이러한 혼란의 시기를 조성하거나 선택하며, 대중의 공포를 구실로 하여 국민이 냉철한 상태에서는 절대 받아들이지 않을 파괴적인 법을 통과시킨다. 그러므로 선택된 입법 시기는 입법자의 행위와 폭군의 행위를 구분할 수 있는 가장 확실한 방법들 중의 한 가지다.

그렇다면 어떤 국민이 입법에 알맞은 대상일까? 그들은 이미 혈통이나 이해관계 또는 관습 등의 일치로 결합되어 있지만 법의 진정한 구속을 겪어보지 못한 국민이다. 관습이나 미신에 깊게 빠져 있지 않으며, 갑작스러운 침범에 압도되어 두려움을 느끼지 않는 국민이어야 한다. 이웃 나라들의 분쟁에 개입하지 않고 스스로의 힘으로 그 나라들에 대항할 수 있거나 다른 나라를 격퇴하기 위해 이웃 나라의 도움을 얻을 수 있는 국민이다. 다른 모든 구성원들에게 모두 알려져 있으며, 견뎌낼 수 없는 과중한 부담을 누구에게도 지울 필요가 없는 국민이다. 다른 국민의 도움 없이 그리고 다른 국민을 도울 필요도 없이 살아갈 수 있으며,(2-8) 부유하거나 빈곤하지 않지만 자급자족할 수 있는 국민이다. 마지막으로 옛 국민의 견실성과 새 국민의 온순함을 결합해놓은 국민이다. 입법 작업은 새로 만들어야 할 것보다 파괴해야 할 것이 더 어렵다. 성공한 입법 작업이 보기 드문 것은 사회적 요구와 결합된 자연의 단순성을 발견할 수 없기 때문이다. 실제로 이러한 모든 조건이 결합된 경우는 극히 드물며, 따라서 잘 조직된 국가도 드문 것이다.

유럽에는 아직도 입법이 가능한 나라가 하나 있다. 바로 코르시카이다. 그 용감한 국민이 자유를 되찾고 지키기 위해 발휘했던 용기와 불굴의 정신은 어떤 현자가 있어 그들이 얻어낸 것을 지킬 방법을 가르쳐주기에 충분한 가치가 있다. 언젠가는 그 작은 섬나라가 유럽을 깜짝 놀라게 할 것이라고 생각한다.

제11장
다양한 입법체계 THE VARIOUS SYSTEMS OF LEGISLATION

모든 입법 체계의 목적이 되어야만 하는 모든 국민의 최대 행복이 정확히 어디에서 이루어지는가를 찾는다면 그것이 '자유'와 '평등'이라는 두 개의 주요한 대상으로 귀결된다는 것을 알게 된다. 자유는 모든 개인적인 예속이 국가라는 정치체의 힘을 그만큼 약화시키기 때문이며 또한 평등 없이는 자유가 존재할 수 없기 때문이다.

앞서 시민의 자유를 정의했다. 평등의 경우, 권력과 재산의 정도가 모든 사람에게 절대적으로 똑같은 것이라고 이해해서는 안 된다. 하지만 권력은 절대 폭력이 될 만큼 강해져서는 안 되며 언제나 지위와 법에 의해 행사되어야 한다. 재산의 경우, 아무도 다른 사람을 살 수 있을 만큼 부유해서는 안 되며, 자신을 팔아야만 할 정도로 가난한 사람이 있어서는 안된다.(2-9) 이것은 강자에게는 재산과 세력의 절제가, 약자에게는 인색함과 탐욕의 절제가 수반되어야 한다는 것이다.

그러한 평등은 실제로 존재할 수 없는 비현실적인 이상일 뿐이라고 말하기도 한다. 하지만 평등의 악용이 불가피하다 해서 적어도 그것과 관련된 규정을 만들어서는 안되는 것일까? 주변 환경의 영향이 지속적으로 평등을 파괴하는 방향으로 작용하려 하기 때문에 입법의 힘은 언제나 평등을 유지하는 방향으로 나아가야 하는 것이다.

하지만 이러한 모든 훌륭한 입법 체계의 일반적인 목표는 모든 나라에서 지역적인 상황과 주민의 기질에 맞춰 수정할 필요가 있다. 그리고 각각의 경우에 있어, 이러한 환경들을 고려하여 특정한 제도의 체계 자체가 아닌 그것이 적용될 국가를 위해 최선이 되는 것을 결정해야만 한다. 예를 들어, 불모지여서 비생산적이거나 면적에 비해 주민이 지나치게 많다면 국민을 공업과 기술 분야로 전환시켜 그들이 생산한 것을 부족한 물자와 교환하도록 해야 한다.

이와는 반대로 국민들이 드넓은 평야와 비옥한 경작지에 산다면 즉, 토지는 훌륭하지만 주민이 부족하다면 인구를 증가시키는 농업에 관심을 집중하도록 해야 한다. 그리고 주민을 몇 개 지역에만 모여 살게 하여 인구를 감소시킬 뿐인 기술 분야는 억제해야 한다.(2-10)

만약 국민이 드넓고 편리한 해안 지대에 살고 있다면, 배들로 바다를 가득 채우고 상업과 항해를 육성해야 한다. 그러면 짧은 시간 내에 훌륭한 생활을 하게 될 것이다. 만약 해안 지대가 거의 접근할 수 없는 바위로만 둘러싸여 있다면 야만의 상태에서 물고기를 먹으며 살도록 해야 한다. 더 평온하고 어쩌면 더 좋은 그리고 분명히 더 행복한 삶을 누리게 될 것이다.

한마디로 말해 모두에게 공통되는 원칙들은 제외하고 모든 국민은 그 자체 내에 특정한 생활 방식을 가져야 할 원인을 갖고 있으며, 그로 인해 자신들에게만 적합한 입법을 하게 되는 것이다. 그러므로 오래 전의 유대인들과 좀 더 최근의 아랍인들 사이에서는 종교가 주된 목표였으며, 아테네인들은 문학, 카르타고와 티레인들은 상업, 로도스인들은 항해술, 스파르타인들은 전쟁 그리고 로마인들은 덕이 주된 목표였다.

《법의 정신》의 저자(몽테스키외)는 많은 예를 들어 입법자가 어떤 기술에 의해 제도를 이러한 각각의 목표에 맞게 이끌어갔는가를 보여주었다.

국가 조직을 견고하고 영속적으로 만드는 것은 언제나 모든 면에서 자연의 관계들을 법과 일치시키는 사회적 관계를 준수하는 것이다. 법은 오직 자연의 관계를 보장하고 수반하며 수정하는 데에만 기여하도록 해야 한다. 하지만 입법자가 목표를 잘못 설정하여 자연의 관계가 지향하는 상황과는 다른 원칙을 채택하게 된다면, 즉 자연의 관계는 자유를 지향하는데 입법자의 원칙은 예속을 지향한다거나, 또는 인구를 지향하는데 부를 지향한다거나, 아니면 정복을 지향하는데 평화를 지향한다면, 법은 서서히 약화되어 국가의 조직은 변질될 것이다. 그로 인해 국가는 줄곧 동요하게 되어 멸망하거나 변질되고 누구도 저항할 수 없는 자연이 다시 지배하게 될 것이다.

제12장

법의 분류 THE DIVISION OF THE LAWS

    전체적인 질서를 확립하고 공공의 문제에 가능한 최선의 형태를 부여하려면 다양한 관계들을 고려해보아야 한다. 첫째로 전체 조직체가 그 자체에 행하는 행위로서 전체에 대한 전체의 관계 또는 국가에 대한 주권자의 관계가 있다. 나중에 설명하겠지만 이 관계는 중간적인 협정들의 관계로 구성되어 있다.

    이런 관계를 규정하는 법을 우리는 정치적인 법이라 하며, 현명하게 제정되었다면 기본법이라 부르기도 한다. 만약 각 국가에 단 하나의 훌륭한 제도가 있다면 그것을 찾아낸 국민은 그 좋은 제도를 지켜야만 하지만, 확립된 제도가 나쁜 것이라면 사람들을 선하게 사는 것을 막는 그 법을 기본적인 것으로 인정할 필요가 없기 때문이다. 게다가 어떤 경우에도 국민은 언제나 법이 제아무리 훌륭하다 해도 그 법을 바꿀 지위에 있다. 국민이 스스로를 해치려 한다면 누구에게도 그것을 막을 권리는 없기 때문이다.

    두 번째 관계는 구성원 상호간의 관계 혹은 구성원과 전체 조직체와의 관계이다. 이 관계는 전자와 관련해서는 중요하지 않지만, 후자의 경우에는 매우 중요하다. 그러므로 각 구성원은 다른 모든 구성원들에 대해서는 완전히 독립적이지만, 조직체에 대해서는 지극히 종속적이다. 국가의 힘만이 그 구성원의 자유를 보증할 수 있으므로, 이 관계는 언제나 동일한 방법으로 성립된다. 이 두 번째 관계로부터 민법이 생긴다.

또한 우리는 개인과 법 사이의 세 번째 종류의 관계인 위법 행위와 형벌의 관계를 생각할 수 있다. 이 관계에서 형법이 제정되는데, 이것은 본질적으로 특수한 종류의 법이라기보다 다른 모든 법들의 준수를 위한 강제력이다.

이러한 세 가지 종류의 법과 더불어 가장 중요한 네 번째 법이 있다. 이것은 대리석이나 동판에 새겨지는 것이 아니라 시민들의 마음속에 새겨지는 것이다. 이 법은 진정한 국가의 구조를 형성하고 날마다 새로운 힘을 얻어 다른 법들이 낡거나 효력을 잃었을 때 복원하거나 대체하여 지키도록 하고 서서히 권력을 습관의 힘으로 대체하는 것이다.

나는 지금 도덕과 관습 특히 여론에 대해 말하고 있는 것이다. 현재의 정치인들에게는 낯선 권력이지만 다른 모든 법들의 성공은 이것에 의존한다. 위대한 입법자는 비록 특정한 법 제정에만 몰두하고 있는 것처럼 보이지만 남몰래 이것에 관심을 쏟고 있다. 특정한 법들은 둥근 지붕을 지탱하는 아치일 뿐이지만 서서히 형성되는 관습과 도덕은 결국 그 지붕을 지탱하는 확고한 초

석이 되기 때문이다.

　여러 종류의 법들 중에서 나의 주제와 관계가 있는 것은 오직 정부의 형태를 결정하는 정치법뿐이다.

❖ 저자 주 ❖

제2부

2-1 어떤 의지가 일반적인 것이 되기 위해 언제나 만장일치가 필요한 것
은 아니다. 그러나 모든 사람의 표는 계산되어야만 한다. 배제되는 표
가 있다면 일반성은 파괴된다.

2-2 다르장송 후작은, '모든 이익은 서로 다른 원칙이 있다. 두 가지의 특
별한 이익은 제3의 이익과 대립할 때 일치된다'고 했다. 모든 사람의
이익은 각자의 이익과 대립할 때 일치한다고 덧붙여도 괜찮았을 것이
다. 만약 서로 다른 이해관계가 없었다면 아무런 방해도 받지 않을 것
이므로 공동의 이익은 거의 느끼지 못하게 될 것이다. 즉 모든 일은
저절로 진행될 것이며, 정치는 더 이상 기술이 되지 않을 것이다.

2-3 마키아벨리는, '사실 공화국에 해로운 분열도 있고, 유익한 분열도 있
다. 당파와 파벌을 불러일으키는 분열은 해롭지만, 그렇지 않은 분열
은 유익하다. 따라서 공화국 창립자는 반목이 일어나는 것을 막을 수
는 없겠지만, 적어도 당파가 형성되는 것을 막을 수는 있다.'고 했다
(《피렌체사》 제7편)

2-4 이 단어는 단순히 귀족정치이거나 민주정치가 아니라 일반적으로 '일
반의지'인 법에 의해 운영되는 정부를 뜻하는 것이다. 합법적이려면

정부는 반드시 주권자가 아닌 주권자의 대행자여야만 한다. 그런 경우에는 군주정치도 공화국이 될 수 있다. 이것은 다음에 명확하게 설명할 것이다.

2-5 법률이 쇠퇴하기 시작할 때 비로소 유명해지는 국민이 있다. 그리스의 나머지 도시로 알려지기 전까지는 리쿠르고스의 제도가 스파르타의 사람들을 얼마나 행복하게 만들었는지를 몇 세기 동안 모르고 있었다.

2-6 칼뱅(Calvin 1509~1564 : 루터에 비견될 정도로, 제네바에서 종교개혁을 주도했다)을 신학자로만 알고 있는 사람들은 그의 천재성을 너무 과소평가하고 있는 것이다. 그는 우리의 훌륭한 칙령을 편찬할 때 중요한 역할을 하는 것으로 자신의 저작물인 《기독교 강요》에 못지않은 명예를 누렸다. 우리의 종교에 어떤 혁명의 시기가 닥쳐온다 해도, 우리들 사이에 애국심과 자유의 정신이 여전히 살아 있다면 이 위대한 인물은 영원히 축복받을 것이다.

2-7 마키아벨리는 '사실, 어떤 나라에서도 신에 의존하지 않은 비범한 입법자는 전혀 없었다. 신에 의존하지 않으면 그들의 법은 받아들여지지 않았기 때문이다. 실제로 법에는 현인들이 알고 있는 유용한 진리들이 많이 담겨 있지만, 다른 사람들을 납득시킬 수 있을 만큼 명확한 근거는 갖추고 있지 못하다.'라고 말한다.(《리비우스에 관하여(로마사론)》)

2-8 만약 인접해 있는 두 국민들 중 한 국민이 다른 쪽 없이는 살아갈 수 없다고 하면, 전자에게는 매우 해로울 것이며 후자에게는 매우 위험할 것이다. 현명한 국가라면 이런 경우 다른 나라의 의존으로부터 서둘러 벗어나려 할 것이다. 멕시코 제국에 둘러싸여 있던 틀라스칼라 공화국은 멕시코로부터 소금을 사오거나 선물로 받는 것보다 소금 없이 사는 것을 택했다. 틀라스칼라인은 그러한 관대함 속에 숨겨져 있는 덫을 알아볼 만큼 현명했다. 그들은 자신들의 자유를 지켰으며 커다란 제국에 갇혀 있었던 이 작은 나라는 결국 멕시코 제국을 멸망시키는 도구가 되었다.

2-9 국가에 안정성을 부여하는 것이 목표라면 빈민과 부자라는 극단적인 두 신분 사이를 가능한 한 좁혀야 한다. 부자도 거지도 허용해서는 안 된다. 본질적으로 분리할 수 없는 이들 두 신분은 공공의 이익에 똑같이 치명적이다. 한쪽에서는 폭정의 지지자들이 나타날 것이며, 다른 쪽에서는 폭군이 나타날 것이다. 그들 사이에서는 언제나 공공의 자유가 거래된다. 한쪽은 자유를 사고 다른 쪽은 자유를 판다.

2-10 다르장송 후작은, '대외무역의 어떤 부문은 왕국 전체에 이익이 되는 것처럼 보일 수도 있다. 몇몇 사람 또는 몇몇 도시를 풍요롭게 해줄 수도 있을 것이다. 그러나 나라 전체는 아무런 이익도 얻지 못하며, 국민의 생활은 나아지지 않는다'고 했다.

제3부

정부의 다양한 형태를 이야기하기 전에 아직도 명확히 설명된 적
이 없는 이 단어의 정확한 의미를 규정해 보자.

제1장
일반적인 정부 GOVERNMENT IN GENERAL

독자들께 이번 장은 꼼꼼하게 읽어주실 것을 부탁한다. 내게
는 주의 깊게 읽지 않는 독자들에게 명확하게 설명할 수 있는 재
주가 없기 때문이다.

모든 자유 행위는 동시에 작용하는 두 개의 원인에 의해 일어
난다. 그 하나는 정신적인 것으로 행위를 결정하는 의지이며 다
른 하나는 물리적인 것으로 행위를 실행하는 힘이다. 내가 어떤
대상을 향해 걸어갈 때, 먼저 그곳으로 가려는 의지가 필요하며
다음은 두 다리가 나를 그곳으로 이끌고 가야 한다. 몸이 마비된
환자가 뛰어가려 하거나 활동적인 사람이 뛰어가려 하지 않는다
면 둘 다 제자리에 있게 된다. 정치체도 이와 동일한 두 개의 원
동력을 갖고 있으며, 여기에서도 힘과 의지가 구별된다. 입법권

이라는 의지와 행정권이라는 힘이 구별된다. 이 두 가지가 동시에 작용하지 않는다면 아무것도 이루어지지 않으며 또 이루어져서도 안 된다.

입법권은 국민에게 속한 것이며, 오직 국민에게만 속할 수 있다는 것을 살펴보았다. 이와는 반대로 앞에서 언급한 원칙에 의해 행정권은 입법자나 주권자로서의 국민 전체에 속할 수 없다는 사실을 쉽게 이해할 수 있다. 행정권은 전적으로 법의 관할 밖에 있는 특정한 행위로 구성되어 있으므로, 그 행위가 언제나 법이 되어야만 하는 주권자의 관할 밖에 있기 때문이다.

그러므로 공공의 힘은 일반의지의 지도에 의해 그 힘을 통합하고 실행하며 국가와 주권자를 연결하는 대리인이 필요하다. 이 대리인은 인간에게 정신과 육체를 결합해주는 것과 비슷한 역할을 집합적 인격체에게 수행하는 것이다. 이것이 바로 국가에 정부가 있는 이유이다. 정부는 종종 주권자와 혼동되지만, 사실은 주권자를 대행하는 것이다.

그렇다면 정부란 무엇인가? 정부는 국민과 주권자 사이에 상호 교류를 위해 설치된 매개체로서 법을 집행하고 사회적, 정치적 자유를 유지하는 책임을 지게 된다.

이 조직체의 구성원을 '행정관'이거나 '왕' 즉, '통치자'라 부르며 이 전체 조직체를 '군주'라고 한다. 그러므로 국민 자신을 군주에게 복종시키는 행위는 계약이 아니라고 주장하는 사람들이 당연히 옳다. 이것은 단지 위임이자 고용에 불과한 것이어서, 통치자는 주권자의 관리로서 자신에게 맡겨진 권력을 주권자의 이름으로 행사하는 것이다. 주권자는 언제든 이러한 권력을 제한하고 변경하거나 되찾을 수 있다. 이러한 권리의 양도는 사회체의 본질과 양립할 수 없으며 연합체의 목적에도 반하는 일이기 때문이다.

그래서 나는 행정권의 합법적인 행사를 통치 혹은 최고행정이라 부르며 이러한 행정을 위임받은 개인 또는 집단을 군주 또는 행정관이라 부른다.

정부에는 중간적인 힘들이 있으며 그것들의 관계가 전체와 전체 혹은 주권자와 국가의 관계를 형성한다. 주권자와 국가의 관계를 연비례($a : b = b : c$)에서 외항들 사이의 관계라고 표현할 수 있으며 정부는 비례중항(b)이 된다. 정부는 주권자로부터 명령을 받고 그것을 국민에게 전하므로, 국가가 적절한 균형을 유지하려면 이러한 모든 것을 고려하여 정부 자체가 갖게 되는 힘과 주권자이면서 동시에 지배를 받는 시민의 힘이 동등해야만 한다.

게다가 이러한 세 가지 항목들 중 어느 한 가지라도 변경되면 이 비례는 즉시 깨지게 된다. 주권자가 통치하려 하거나, 행정관이 법을 제정하려 하거나 또는 국민이 복종을 거부한다면 질서 대신 무질서가 자리 잡게 된다. 힘과 의지는 더 이상 함께 작용하지 않게 되어 국가가 해체되면서 전제 정치나 무정부 상태로 빠져들게 된다. 결국 각 관계 사이에 비례중항은 오직 하나밖에 없듯이 국가에도 올바른 정부는 오직 하나밖에 없는 것이다. 하지만 수많은 사건들이 국민의 관계들을 변화시킬 수 있으므로 각각의 국민들에게 각각의 훌륭한 국가가 있을 수 있을 뿐만 아니라 동일한 국민에게도 시대에 따라 훌륭한 국가가 달리 있을 수도 있다.

이러한 두 개의 외항 사이에 존재하는 다양한 관계들을 이해하기 위해 가장 설명하기 쉬운 국민의 수를 예로 들어보겠다.

어떤 국가가 1만 명의 국민들로 구성되어 있다고 가정하자. 주권자는 하나의 조직체로서 집합적으로 생각할 수밖에 없다. 그러나 국민으로서의 각 구성원은 한 개인으로 여겨진다. 그러므로 주권자와 국민의 비율은 1만 대 1이다. 즉, 국가의 각 구성원은 비록 국가에 전적으로 복종한다 해도 단지 주권의 1만 분의 1만을 자신의 몫으로 갖고 있는 것이다. 국민의 수가 10만이라 해도 국민의 조건에는 아무런 변화가 없으며, 각 국민은 전적으로 법의 지배를 받지만 투표권은 10만분의 1로 줄어들어 법의 제정에는 10배나 더 적게 영향력을 끼치게 되는 것이다. 그러므로 국민은 여전히 한 개인이며 주권자의 비율은 국민의 수에 비례하여 증가한다. 이것으로부터 국가가 커질수록 자유는 그만큼 줄어들게 된다는 것을 알 수 있다.

주권자의 비율이 증가한다는 것은 점점 더 평등에서 멀어진다는 것을 의미한다. 그러므로 기하학적 의미에서 이 비례가 더 커진다는 것은 일반적인 의미에서의 관계가 점점 더 약화된다는 것이다. 기하학적 의미에서의 관계는 양에 따라 고려되므로 지수로 표현되지만, 일반적인 의미에서의 관계는 동일성에 따라 고려되므로 유사성에 의해 계산되는 것이다.

그러므로 일반의지에 대한 특수한 의지의 관계, 즉 법에 대한 도덕과 관습의 관계가 약화될수록 억압하는 힘은 증가할 수밖에 없다. 따라서 훌륭한 정부가 되려면 국민의 수가 늘어나는 것과 같은 비례로 정부도 더 강력해져야만 한다.

반면에 국가가 커져가면서 공권력을 위임받은 사람들에게 권력을 남용할 수 있는 기회와 유혹은 더 많이 제공된다. 그러므로 정부가 국민을 통제하기 위해 더 강력한 권력을 갖게 되면 주권자도 정부를 억제하기 위해 더 큰 힘을 가져야만 한다. 내가 지금 말하고 있는 것은 절대적인 힘에 대한 것이 아니라, 국가의 각 부분들이 갖게 되는 상대적인 힘에 대한 것이다.

이러한 이중의 관계로부터 주권자와 군주 그리고 국민들 사이의 연비례가 결코 독단적인 생각이 아니라 정치체의 본질에 따른 필연적인 결과라는 사실을 알 수 있다. 또한 외항들 중의 하나인 지배받는 국민은 고정된 단위로 제시되지만 복비(複比 a : c)의 증감에 따라 단비(單比)도 동일하게 증감하며, 그에 따라 비례중항이 변하게 된다는 것을 알 수 있다. 이것으로부터 우리는 유일하고 절대적인 정부 형태는 없으며, 국가의 크기가 다르듯이 그 성격이 다른 정부가 많이 있다는 사실을 알 수 있다.

만약 이러한 이론을 비웃으면서, 비례중항을 찾아 정부를 구성하기 위해서는 그저 국민수의 제곱근만 찾아내면 되지 않겠냐고 말하는 사람이 있다면, 여기에서 나는 인구수를 단지 하나의 예로 들었을 뿐이라고 대답할 것이다.

내가 말하는 비례 관계는 단지 인구수만으로 측정되는 것이 아니라 일반적으로 수많은 원인의 결합으로 이루어지는 행위의 총합에 의해 결정되는 것이다. 또한 간단히 설명하기 위해 잠시 기하학 용어를 빌어 설명했지만, 정신적인 질량이 기하학적으로 정확히 계산되지 않는다는 사실은 잘 알고 있다.

정부는 정부를 포함하고 있는 보다 큰 규모의 정치체를 작은 규모로 축소한 것이다. 정부는 일정한 기능들이 부여된 정신적 인격체로서 주권자처럼 능동적이면서 국가처럼 수동적이며, 이와 비슷한 다른 관계들로 분석해볼 수도 있다. 이렇게 해서 새로운 비례 관계가 생겨나고 그 비례 내에서 행정 관직의 배열에 따라 또 다른 비례가 생기게 되며 마침내 분할할 수 없는 하나의 비례중항, 즉 단 한 사람의 통치자 또는 최고 행정관에 이르게 된다. 그는 이 수열의 중앙에 있으므로 분수급수와 정수급수 사이에 있는 단위(숫자 1)처럼 생각하면 될 것이다.

이처럼 복잡한 항들에 혼란스러워하지 말고 정부를 국민과 주권자와 구별되면서 그들 사이에서 중간적인 역할을 하는 국가 내의 새로운 단체 정도로 생각하기로 하자.

국가와 정부라는 두 단체 사이에는 본질적인 차이가 있다. 국가는 독립적으로 존재하며, 정부는 오직 주권자를 통해서만 존재한다. 그러므로 군주의 지배 의지는 단지 일반의지이거나 법일 뿐이며 또 그래야만 한다. 그의 권력은 단지 자신에게 집중된 공적인 권력이므로 자신만의 권위로 절대적이거나 독립적인 행위를 행사하려고 하면 그 즉시 전체적인 결합은 느슨해지기 시작한다.

군주가 주권자의 의지보다 개인적인 의지를 더 적극적으로 갖게 되거나 자신이 갖고 있는 공적 권력을 이러한 개인적인 의지에 사용하게 된다면 이른바 두 주권자 즉, 법적인 주권자와 실질적인 주권자가 있게 되어 사회적 결합은 즉시 소멸되고 정치체는 해체되고 말 것이다.

하지만 정부가 국가라는 단체와 구별되는 존재로서 생명을 얻고 정부의 모든 구성원들이 협력하여 설립 목적을 완수하려면 특별한 개성과 구성원들의 공통된 감성 그리고 스스로를 보존하려는 힘과 의지를 가지고 있어야만 한다. 이 특수한 존재는 각종 회의와 위원회, 토론과 결정 권한, 각종의 권리와 지위 그리고 오직 군주에게만 속하는 특권들을 수반한다. 이러한 것들이 수행하기에 더 어려운 직무에 비례하여 행정관직을 더 명예롭게 만들어준다. 어려운 점은 정부라는 종속적인 전체를 강화하면서 국가 전체의 구조를 변경시키지 않도록 조정하는 방법에 있다. 그리고 정부의 유지를 위한 특수한 힘과 국가의 보존을 위한 공적 권력을 언제나 구분해야 한다. 한마디로 말하자면, 언제나 정부를 위해 국민을 희생시키는 것이 아니라 국민을 위해 정부를 희생시킬 준비가 되어 있어야 한다는 것이다.

더 나아가, 비록 정부라는 인위적인 단체는 또 다른 인위적 단체인 국가가 만든 것이어서 단지 생명을 빌어온 종속적인 존재에 불과하다고 말할 수는 있지만, 그로 인해 정부가 일정 정도의 활력과 민첩성을 가질 수 없다거나 확고한 번영을 누릴 수 없다는 것은 아니다. 결국 정부는 설립 목적을 전적으로 벗어나지 않으면서도 그 구성 방식에 따라서는 일정 정도 벗어날 수도 있을 것이다.

이러한 모든 차이들로부터 정부가 국가라는 단체에 대해 가져야만 하는 다양한 관계들이 생겨나며, 이러한 우발적이며 특수한 관계들에 따라 국가 자체가 변경된다. 종종 그 자체로는 훌륭한 정부일지라도 속해 있는 정치체의 결함에 따라 그 관계들을 변경하지 않는다면 가장 나쁜 정부가 될 수도 있기 때문이다.

제2장

다양한 정부의 형태를 구성하는 원리

THE CONSTITUENT PRINCIPLE IN THE VARIOUS FORMS OF GOVERNMENT

이러한 차이들의 일반적인 원인을 설명하려면 앞에서 국가와 주권자를 구별했던 것처럼 정부와 군주를 구별해야만 한다.

행정 기관은 아주 많거나, 아주 적은 인원으로 구성될 수도 있다. 앞에서 국민에 대한 주권자의 관계는 국민의 수가 많아질수록 그 비율이 더 커진다고 했다. 명백한 유추에 의해 행정관들에 대한 정부의 관계도 그와 동일하다고 말할 수 있다.

하지만 정부의 전체적인 힘은 언제나 국가와 그것과 동일하므로 변하지 않는다. 정부가 이러한 힘을 구성원들을 위해 많이 쓰면 쓸수록 국민 전체를 위해 사용할 힘은 그만큼 적어지게 된다. 그러므로 행정관의 수가 많아질수록 정부의 힘은 그만큼 약하게 된다. 이 원리는 기본적인 것이므로 이를 좀 더 명확히 이해해야만 한다.

행정관이라는 인격체 안에서 우리는 본질적으로 다른 세 가지의 의지를 구별해 낼 수 있다.

첫째는 오직 자신의 개인적인 이익만을 추구하려는 사적인 의지이다.

둘째는 행정관의 공동의지로 오직 군주의 이익만을 추구하므로 단체의지라고 부를 수도 있다. 정부와의 관계에서는 일반의지이지만 국가와의 관계에서는 특수의지가 된다.

세 번째는 국민 또는 주권자의 의지로서 전체인 국가와 전체의 한 부분인 정부와의 관계에서 모두 일반의지가 된다.

완벽한 입법 행위에 있어 개인적이거나 특수한 의지는 완전히 없어야만 한다. 또 정부에 속한 단체의지도 확실하게 종속적인 위치에 머물어야만 한다. 그 결과로서 일반의지 또는 주권자의 의지가 언제나 지배적이어야만 하며 나머지 모든 의지의 유일한 기준이 되어야만 한다.

이와는 반대로 자연의 질서에 따르게 되면 서로 다른 의지들은 집중되면 될수록 더욱 적극적이게 된다. 그러므로 일반의지는 언제나 가장 약하며, 단체의지가 두 번째 자리를 차지하고 개인의지가 가장 강하게 된다. 그러므로 정부에 있어 각 구성원은 무엇보다 우선적으로 자기 자신이 되며, 그 다음으로는 행정관 그 후에야 시민이 된다. 이것은 사회 체계가 요구하는 것과는 정반대의 순서이다.

정부 전체가 한 사람에게 장악되었다면 특수의지와 단체의지는 완전히 결합되고 그 결과로 단체의지는 최대한으로 발휘된다.

힘의 행사는 의지의 강도에 의해 좌우되며 정부의 절대적인 힘은 변하지 않으므로, 한 사람이 이끄는 정부가 가장 활동적인 정부가 되는 것이다.

이와는 반대로 정부와 입법권을 결합하고, 주권자를 군주로 삼고, 시민들을 모두 행정관으로 만든다면 일반의지와 뒤섞이게 된 단체의지는 일반의지 이상의 활동성을 갖지 못하게 되어 특수의지가 최대한의 강력한 힘을 발휘하게 되고 말 것이다. 그러므로 언제나 똑같이 절대적인 힘을 지닌 정부는 상대적으로 그 힘이나 활동성에 있어 가장 낮은 수준에 머물게 될 것이다.

이러한 관계들은 논란의 여지가 없으며 이것을 더욱 확고하게 증명해주는 다른 이유들도 있다. 예를 들면, 각 시민이 자신이 속해 있는 국가 내에서 펼치는 활동보다 각 행정관이 자신이 속해 있는 정부 내에서 펼치는 활동이 더 적극적이라는 것을 알 수 있다. 그 결과로 특수의지는 정부의 행위보다 주권자의 행위에 더 큰 영향을 미치게 된다.

각 행정관은 거의 언제나 일정한 정부의 기능을 담당하지만 각 시민 혼자서는 주권의 어떠한 기능도 담당하지 못하기 때문이다. 게다가 국가가 커질수록, 비록 크기에 비례하지는 않지만, 실질적인 힘은 점점 더 증가한다. 하지만 국가는 여전히 동일한 상태에 머물러 있다면 행정관의 수가 늘어난다고 해도 정부의 실질적인 힘이 더 커지는 것은 아니다. 정부의 힘이란 곧 국가의 힘이므로 그 크기는 언제나 동일하기 때문이다. 그러므로 정부의 절대적이거나 실질적인 힘은 증가하지 못한 채 상대적인 힘이나 활동력은 줄어들게 되는 것이다.

또한 정부의 업무를 담당하는 사람의 수가 많아지면 업무의 처리 속도가 늦어진다는 것은 분명하다. 지나치게 신중하면 행운을 충분히 누리지 못하고, 기회를 놓치게 되어 심사숙고의 결과는 그 목적을 상실하게 된다.

나는 행정관의 수가 늘어나면 그와 비례해 정부가 태만해진다는 것을 증명했다. 그리고 앞에서는 국민이 많아질수록 국민을 억압하는 힘도 커져야만 한다는 사실을 증명했다. 이것으로부터 정부와 행정관의 관계는 주권자와 국민의 관계와 반대가 되어야만 한다는 사실을 알 수 있다. 따라서 국가가 커질수록 정부는 축소되어야만 하며 국민의 수가 증가하는 것과 같은 비례로 행정관의 수는 줄어야만 한다.

나는 여기에서 정부의 상대적인 힘에 대해 말하고 있는 것이지, 정부의 완전한 상태에 대해 말하는 것은 아니다. 위와는 반대로 행정관의 수가 많아질수록 단체의지는 점점 더 일반의지와 가까워지지만, 한 사람의 행정관 밑에서는 앞서 말했듯이 단체의지는 단순히 특수의지에 불과할 것이기 때문이다. 이처럼 이익을 보는 편이 있으면 손해를 보는 편이 있으므로, 입법자의 기술은 항상 반비례의 관계에 있는 정부의 힘과 의지를 국가에 가장 유리한 관계로 만나게 하는 지점을 정하는 것이다.

제3장

정부의 분류 THE DIVISION OF GOVERNMENTS

앞 장에서는 정부의 종류나 형태가 정부를 구성하는 사람의 수에 따라 구별되는 이유를 살펴보았다. 여기에서는 정부는 어떻게 분류되는가를 살펴보려 한다.

제일 먼저, 주권자는 정부를 국민 전체 또는 다수의 국민에게 위임하여 단순한 개인인 시민보다 행정관인 시민을 더 많게 할 수 있다. 이러한 정부 형태를 '민주정치'라 부른다.

또는 주권자가 정부를 소수의 국민에게 위임하여 행정관보다 단순한 개인인 시민을 더 많게 할 수도 있다. 이러한 정부 형태를 '귀족정치'라 부른다.

마지막으로, 주권자는 정부 전체를 한 사람의 행정관에게 집중시키고 다른 모든 사람들은 그로부터 권력을 갖도록 한다. 이 세 번째 형태가 가장 흔히 있는 것으로 '군주정치' 또는 '왕정'이라 부른다.

이러한 모든 형태 혹은 최소한 앞의 두 가지 형태는 다소간 유동적이며 그 차이가 꽤 크다는 것에 유의해야 한다. 민주정치는 모든 국민을 포함할 수도 있지만, 그들의 반으로 제한할 수도 있

120

기 때문이다. 귀족정치도 마찬가지로 국민의 반으로부터 가능한 최소한의 수까지 제한할 수 있다. 심지어 왕정의 경우에도 구분할 수 있다.

스파르타에는 국법에 의해 언제나 두 사람의 왕이 있었다. 로마제국에는 동시에 8명의 황제가 있었지만, 로마제국이 분할되어 있었다고 말할 수는 없다. 그러므로 각 정부 형태는 다른 정부 형태와 뒤섞이는 지점이 있으며, 이런 세 가지 명칭 아래에서도 정부는 국가에 있는 국민의 수만큼이나 다양한 형태를 가질 수 있다.

그뿐만이 아니라, 정부는 어떤 면에서는 다른 부분들로 세분될 수 있으며, 각 부분마다 서로 다른 방식으로 통치될 수 있으므로, 이 세 가지 형태를 조합하여 수많은 혼합 형태를 만들어낼 수 있다. 이러한 각각의 혼합 형태는 모든 단일 형태에 의해 증가하게 된다.

어느 시대에서나 최상의 정부 형태에 대한 논의가 많이 있었지만 각각의 형태가 어떤 경우에는 최상이지만 다른 경우에는 최악이라는 사실에 대해서는 잘 고려되지 않았다.

만약 각각의 국가에서 최고행정관이 국민의 수와 반비례가 되어야만 한다면, 일반적으로 민주 정부는 작은 국가에 적합하며 귀족정부는 중간 크기의 국가에 그리고 군주정부는 큰 나라에 적합하다는 결론이 나온다. 이 규칙은 앞에서 설명한 원리로부터 직접 도출된 것이다. 하지만 예외를 만들어내게 될 수없이 많은 상황들을 다 생각하는 것은 불가능하다.

제4장
민주정치 DEMOCRACY

　법을 만드는 사람은 법이 어떻게 집행되고 해석되어야만 하는가를 누구보다 더 잘 알고 있다. 그래서 행정권과 입법권이 결합되어 있는 제도가 가장 훌륭한 제도인 것처럼 보이기도 한다. 하지만 바로 이런 사실이 일정한 면에서는 정부를 부적절하게 만들게 된다. 당연히 구분되어야 할 것들이 뒤섞이기 때문이며, 군주와 주권자가 동일한 사람이 되면서 이를테면 '정부가 없는 정부'를 구성하게 되기 때문이다.

　법을 만드는 사람이 법을 집행한다거나 국민 집단이 보편적인 관점을 벗어나 특수한 대상에 관심을 갖는 것은 바람직하지 않다. 공공의 일에 사적인 이해관계로 영향을 미치는 것보다 더 위험한 일은 없다. 개인적인 이해관계에 의해 필연적으로 나타나게 되는 입법자의 부패가 정부에 의한 법의 남용보다 더 나쁘다. 그럴 경우 정부는 근본적으로 변질되어 모든 개혁이 불가능하게 된다. 절대로 정부를 악용하지 않는 국민은 자신의 독립된 상태도 절대로 남용하지 않을 것이며, 언제나 스스로를 잘 통제하는 국민은 통치를 받을 필요도 없을 것이다.

용어의 의미를 엄격히 따져본다면 진정한 민주정치는 존재한 적이 없었으며 앞으로도 결코 존재하지 않을 것이다. 다수가 지배하고 소수가 지배를 받는 것은 자연의 질서에 어긋나는 일이다. 국민이 공무를 수행하기 위해 끊임없이 모여 있어야 한다는 것은 생각조차 할 수 없는 일이며, 행정의 형태를 변화시키지 않고 공무 수행을 위한 위원회를 구성할 수 없다는 것은 쉽게 알 수 있다.

사실 나는 정부의 기능이 여러 곳에 분산된다면 인원수가 적은 곳이 머지않아 가장 큰 권한을 갖게 된다는 것을 확고한 원리로 내세울 수 있다고 생각한다. 업무처리가 신속히 이루어질 것이므로 자연스럽게 권한을 갖게 될 것이기 때문이다.

이것 외에도, 그러한 정부에서는 미리 예상해야 하는 결합하기 어려운 조건들이 또 얼마나 많은가!

첫 번째로 국민이 쉽게 모일 수 있고 각 시민이 다른 사람들을 모두 쉽게 잘 알 수 있는 아주 작은 국가여야 한다. 두 번째로는 사건들이 복잡해지고 까다로운 문제들이 일어나지 않도록 풍습이 대단히 단순해야 한다.

그 다음으로는 지위와 재산이 평등해야 한다. 이러한 평등이 없다면 권리와 권한의 평등도 오래 지속될 수 없다.

마지막으로 사치가 아주 적거나 전혀 없어야 한다. 사치는 재산에서 비롯되거나 재산을 필요로 하기 때문이다. 사치는 부자도 빈자도 모두 타락시킨다. 부유한 자는 소유에 의해 그리고 가난한 자는 탐욕에 의해 타락하게 된다. 사치는 국가를 나태와 허영심에 빠트리고, 시민들을 서로의 노예가 되도록 만들고 모두를 여론의 노예로 만들어 국가로부터 시민을 제거해 버린다.

이것이 바로 한 유명한 저자(몽테스키외)가 덕(德)을 공화국의 근본 원리로 삼았던 이유였다. 덕이 없다면 이러한 모든 조건들은 존재할 수 없기 때문이다.

하지만 이 위대한 사상가도 꼭 필요한 구별을 못했기 때문에 종종 부정확하고 때로는 모호했다. 정부의 형태에 따라 다소간의 차이는 있지만, 주권은 어디에서나 동일하므로 잘 조직된 모든 국가에서는 동일한 원리가 적용되어야 한다는 사실을 알아차리지 못했다.

민주적인 정부 혹은 민중의 정부만큼 내란과 소요가 일어나기 쉬운 정부는 없다는 사실을 덧붙여야겠다. 이러한 정부만큼 다른 형태로 변화하려는 경향이 강하고 지속적인 경우는 없다. 또한 이 정부만큼 정치 체제를 유지하는데 경계와 용기를 요구하는 경우도 없다.

이러한 제체 하에 있는 시민들은 다른 무엇보다 강인함과 항상성으로 스스로 무장하고 있어야만 한다. 그리고 덕이 높은 주지사(3-1)가 폴란드 국회에서 했던 말을 매일 되풀이해야 한다. ―
'나는 평화로운 노예 생활보다 위험한 자유를 선택하겠다.'

　만약 신들로 구성된 국민이 있다면 그들의 정부는 민주적일 것
이다. 그처럼 완벽한 정부는 인간에게는 적합하지 않다.

제5장
귀족정치 ARISTOCRACY

귀족정치에는 전혀 다른 두 개의 정신적인 인격체인 정부와 주권자가 있다. 따라서 두 개의 일반의지가 있으며 그 중 하나는 시민 전체와 관계된 일반의지이고 다른 하나는 정부 구성원과 관계된 일반의지이다. 그러므로 비록 정부는 내부적인 정책은 뜻하는 대로 규정할 수 있지만 국민에 대해서는 주권자의 이름으로, 즉 오로지 국민의 이름으로만 말할 수 있다는 사실을 잊어서는 안 된다.

초기의 사회는 귀족정치의 형태로 다스려졌다. 여러 가문의 우두머리들이 모여 공적인 업무들을 협의했으며, 젊은 사람들은 아무런 의심없이 경험의 권위에 복종했다. 여기에서 사제, 원로, 원로원, 장로 같은 명칭이 생겼다. 북아메리카의 미개인들은 아직까지도 이런 방식으로 다스려지고 있으며 잘 통치되고 있다.

하지만 제도에 의해 만들어진 인위적인 불평등이 자연적인 불평등보다 더 널리 퍼지게 되어 재산이나 권력이 나이보다 중시되었고 귀족정치는 서서히 선거제로 바뀌었다. 마침내 아버지의 권력이 재산과 함께 자식들에게 상속되면서 귀족 가문이 만들어지고 정부도 세습되어 스무 살짜리 원로원들도 나타나게 되었다.

그러므로 귀족정치에는 자연적인 것, 선거에 의한 것, 세습적인 것의 세 가지 종류가 있다. 자연적인 귀족정치는 오직 소박한 국민에게만 적합하고, 세습적인 귀족정치는 모든 정부들 중 최악의 것이며, 선거에 의한 정부가 가장 훌륭하며 진정한 의미에서의 귀족정치라 할 수 있다.

귀족정치에는 두 가지 권력이 구분된다는 장점 외에도 그 구성원들을 선택할 수 있다는 장점이 있다. 국민정부에서는 모든 시민들이 태어나면서부터 행정관이지만, 귀족정치에서는 소수로 한정하여 오직 선거에 의해서만 행정관이 될 수 있기 때문이다.(3-2) 선거라는 수단을 통해 드러난 정직함, 사려분별, 경험을 비롯한 그 밖의 모든 뛰어난 자질들과 대중의 존경심이 정부가 현명하게 운영되리라는 것을 더욱 확실하게 보장하게 된다.

또한 회의는 보다 쉽게 열리며 업무들은 더욱 잘 논의되고 보다 더 질서 있고 신속하게 처리된다. 대외적인 국가의 신용은 잘 알려지지 않았거나 얕보일 수 있는 대중보다 존경받는 원로원 의원들에 의해 보다 더 잘 유지된다.

한마디로 말하자면, 가장 현명한 사람들이 자신들의 이익이 아닌 대중의 이익을 위해 지배한다는 것이 보장된다면 그들이 대중을 지배하는 것이 가장 훌륭하고 가장 자연스럽다는 것이다.

정부 기관들을 늘일 필요도 없으며 선출된 백 명이 더 잘할 수 있는 일을 2만 명에게 처리하도록 할 필요도 없다. 그러나 여기에서 집단적인 이해관계가 일반의지의 규칙보다 더 약하게 공권력을 감독하기 시작하게 되며, 그로 인해 법에서 행정권 부분의 효력이 약해지게 된다는 불가피한 경향을 잊어서는 안 된다.

개별적으로 바람직한 것에 대해 말하자면, 훌륭한 민주정치에서 그렇듯이 법의 집행이 공적인 의지에 따라 직접 이루어질 수 있을 만큼 국가가 너무 작거나 국민이 지나치게 단순하고 강직해서는 안 된다.

또한 국가가 너무 커서 여기저기로 흩어져 있는 통치자들이 각자의 구역에서 주권자로 행세할 수 있게 되고 스스로 독립을 꾀하기 시작하여 마침내 지배자가 되도록 해서는 안 된다.

그러나 귀족정치는 대중정부에 필요한 미덕들이 모두 다 필요하지는 않지만 특유의 다른 미덕들을 필요로 한다. 예를 들어, 부유한 사람들의 절제와 가난한 사람들의 만족 같은 것들이다. 스파르타에서도 찾아볼 수 없었던 완전한 평등은 부적절한 것으로 보이기 때문이다.

게다가 이 정부 형태가 일정한 재산의 불평등을 수반한다 해도, 원칙적으로 자신의 시간을 모두 바칠 수 있는 사람들에게 공적 업무의 집행을 위임하기 위한 것이지, 아리스토텔레스가 주장

했듯이, 언제나 부자가 우선적으로 차지할 수 있도록 하기 위한
것이 아니라는 점에서 정당하다. 반대로 가난한 자의 선출이 때
로는 국민들에게 인간의 가치들 중에 재산보다 중요한 선출 이유
가 있다는 것을 가르쳐준다는 점에서 중요하다.

제6장

군주정치 MONARCHY

지금까지 우리는 군주를 법의 힘에 의해 통합된 정신적이고 집합적인 인격체로서 국가의 집행권을 위임받은 사람으로 다루었다. 이제 우리는 이 권력이 하나의 자연적 인격체이며 실재하는 한 사람의 손에 집중되어 법에 따라 이 권력을 행사할 수 있는 권리를 가진 경우에 대해 생각해보기로 한다. 그런 사람을 군주 또는 왕이라 부른다.

하나의 집합적인 존재가 한 개인을 대표하는 행정 형태와는 대조적으로 군주정치에서는 한 개인이 하나의 집합적인 존재를 대표한다. 그러므로 군주를 구성하는 단위는 정신적인 동시에 육체적인 단위이며 다른 정체의 경우에는 법에 의해 어렵게 결합될 수 있는 모든 특성들이 자연스럽게 결합되어 있다.

그래서 국민의 의지, 군주의 의지, 국가의 공적 권력 그리고 정부의 특수한 힘 등이 모두 단일한 원동력에 반응한다. 이 기관의 모든 동력은 동일인의 손에 장악되어 전체가 동일한 목적을 향해 움직인다. 서로를 파괴시키려는 적대적인 움직임은 전혀 없다. 적은 노력으로 상당히 훌륭한 작용을 이끌어낼 수 있는 다른 체제는 상상할 수도 없다. 해변에 평온하게 앉아 커다란 배를 쉽게 물에 띄우는 아르키메데스(Archimedes : 고대 그리스 수학자, 물 속에서는 몸의 부피에 해당하는 만큼의 무게가 가벼워진다는 원리를 발견했다)는 자신의 서재에서 드넓은 국가를 다스리고 전혀 움직이지 않는 것처럼 보이지만 모든 것을 다 움직이게 하는 능수능란한 군주를 떠올리게 한다.

그러나 이보다 더 활동력이 강력한 정부도 없지만 특수의지가 더 큰 힘을 발휘하고 나머지를 쉽게 지배하는 정부 또한 없다. 실제로 모든 것이 동일한 목적을 향해 움직이지만 그 목적이란 결코 대중의 행복이 아니며, 심지어 행정 기관의 힘도 끊임없이 국가를 해치게 된다.

왕들은 절대적인 권력자가 되기를 원하며, 사람들은 그렇게 되는 최선의 방법은 국민의 사랑을 받는 것이라고 멀리 떨어진 곳에서 언제나 그들에게 외치고 있다. 이러한 교훈은 대단히 훌륭하며 어느 면에서는 진실이기도 하지만, 불행하게도 궁정에서는 언제나 조롱거리가 되고 만다.

국민의 사랑에서 비롯된 권력은 분명히 가장 강력하지만, 그것은 불안정하고 조건이 있는 권력이므로 군주들은 결코 그것에 만족하지 않는다. 아무리 훌륭한 왕도 자신의 지배 권력을 잃지 않으면서 자신이 원할 때는 나쁜 짓을 할 수 있기를 원한다. 정치적 설교자들이 국민의 힘이 그들 자신의 힘이므로 가장 먼저 관심을 가져야 할 것은 국민이 잘 살고 인구가 많고 용감해지는 것이라고 말해도 군주들은 그것이 진실이 아니라는 것을 잘 알고 있다.

그들의 우선적인 관심은 국민이 약하고 빈곤하며 자신들에게 반항할 수 없어야만 한다. 만약 국민이 언제나 복종한다는 것을 전제로 한다면, 국민의 힘은 곧 군주의 힘이므로 이웃 국가들에게 무서운 존재가 되기 위해서는 사실 국민이 강해야만 군주에게 이익이라는 것은 인정할 수 있다.

그러나 이러한 이익은 부차적이고 종속적인 것이며, 국민의 강한 힘과 복종은 양립할 수 없으므로 군주는 언제나 직접적인 이익이 되는 원칙을 자연스럽게 선호하게 된다. 이것은 바로 사무엘이 히브리(헤브라이) 사람들 앞에서 강력하게 주장했던 것이며, 마키아벨리가 명쾌하게 증명했던 것이다. 마키아벨리는 왕들을 가르치려는 것이라고 했지만 실제로는 국민들을 가르쳤던 것이다. 그의 저서 《군주론》은 공화주의자들의 책이다.(3-3)

우리는 전반적인 관계들에 근거해 군주정치는 오직 커다란 국가에만 적합하다는 것을 알게 되었으며, 이러한 사실은 군주정 자체를 검토해보면 확인할 수 있다.

공적인 행정업무에 참여하는 사람이 많을수록 군주와 국민 사이의 관계는 점점 더 가까워져 평등해지므로 민주정치에서는 그 비율이 일 대 일 혹은 완벽히 대등한 상태가 된다. 정부에 참여하는 사람의 수를 제한하게 되면 이 비율은 점점 늘어나게 되다가 한 사람의 손에 넘어가게 될 때 최대치에 도달하게 된다. 그렇게 되면 군주와 국민 사이는 너무 멀어져 국가는 통일성이 약해진다. 그러한 결합을 형성하기 위해 중간적인 계층이 필요하게 되며, 그들은 제후, 고관, 귀족 등으로 구성된다. 그러나 이와 같은 것은 작은 나라에는 적합하지 않아서, 이러한 모든 계층은 나라를 망하게 한다.

비록 커다란 국가를 잘 지배하기는 어렵지만, 한 사람이 지배하는 것은 더욱 어렵다. 국왕이 대리인을 내세웠을 때 어떤 일이 벌어지는지에 대해서는 누구나 잘 알고 있다.

군주정치를 늘 공화정치보다 낮은 단계로 평가하는 근본적이고도 불가피한 결점이라면, 공화정치에서는 자신의 직책을 훌륭하게 수행할 수 있을 만큼 현명하고 유능하지 않다면, 여론으로 최고의 자리에 올라갈 수 없는 반면에 군주정치에서는 최고의 자리에 오르는 대부분의 사람들이 종종 멍청하거나, 사기꾼이거나 협잡꾼이라는 것이다. 그들은 하찮은 재주로 궁정의 최고 지위에 오르지만 그 자리를 차지하자마자 자신들의 어리석음을 대중에게 드러내는 일밖에는 하지 못한다.

국민은 그러한 선택을 하는데 있어 군주보다 실수를 훨씬 더 적게 저지른다. 군주의 대신들 중에서 실제로 유능한 사람을 찾는 것은 공화 정부의 책임자들 중에서 바보 한 명을 찾는 것만큼이나 어려운 일이다. 그러므로 다행히도 운이 좋아서 타고난 행정가들 중의 한 명이 중요한 직책에 오르게 되면 거들먹거리는 관리들로 인해 거의 몰락해버린 군주국가에서는 그가 찾아낸 정책들에 깜짝 놀랄 수밖에 없으며 그의 등장은 그 나라의 역사에 있어 새로운 기원으로 기록된다.

군주국이 잘 통치되기 위한 기회를 갖기 위해서는 인구와 영토가 통치자의 능력과 잘 어울려야만 한다. 정복하는 것은 통치에 비해 쉬운 일이다. 충분히 긴 지렛대가 있다면 손가락 하나만으로도 지구를 움직일 수 있지만, 그것을 받치려면 헤라클레스의 어깨가 필요하다. 한 국가가 제아무리 작다 해도 군주가 그 크기에 어울릴 만큼 큰 경우는 거의 없다.

이와는 반대로 국가가 통치자에 비해 너무 작다면, 이런 드문 경우에도 역시 제대로 다스려지지 않는다. 통치자가 늘 자신의 원대한 계획을 추구하면서 국민의 이익을 잊어버리기 때문이다. 그래서 무능력한 통치자가 능력 부족 때문에 국민을 비참하게 만드는 것만큼이나 자신의 능력을 잘못 사용하여 국민을 불행하게 만드는 것이다.

그러므로 왕국은 군주의 능력에 따라 각 집권시기마다 영토를 확장하거나 축소되어야 하지만 원로원은 보다 더 안정적인 능력을 갖추고 있으므로 국가는 지속적으로 국경을 유지할 수 있으며, 행정도 더 나빠지지는 않을 것이다.

군주 정부의 가장 큰 단점은 다른 두 가지 형태에서는 끊어지지 않고 이어지는 통치자의 계승이 중단될 수 있다는 것이다. 왕이 죽으면 다른 왕이 필요하게 된다. 새로운 왕이 선출될 때까지 위험한 공백기가 생기고 혼란에 빠지게 된다. 그리고 이러한 종류의 정부에서는 매우 드물지만, 국민들이 공평하고 강직하지 않다면 음모와 부패가 넘쳐나게 된다.

국가를 돈으로 사들인 자라면 이번에는 되팔지 않을 수 없게 되고 강자에게 약탈당한 돈을 약자를 희생시켜 보충하지 않을 수 없게 된다. 그러한 행정부 밑에서는 오래지 않아 모든 것이 돈에 좌우될 것이므로 이런 국왕 밑에서 누리는 평화는 공백기의 무질서보다 더 나쁜 것이다.

이러한 폐단을 막기 위해 어떤 일들이 있었을까? 왕위가 특정한 가족들 내에서 세습되도록 했으며, 왕의 사망으로 일어나게 될 논란을 방지하기 위해 계승의 순서가 정해졌다. 말하자면 선출의 불편함을 섭정의 불편함으로 대체하여 현명한 통치보다 표면상의 평온을 더 선호했던 것이다. 훌륭한 왕을 선택하기 위해 논쟁하는 대신 어린아이나 극악무도한 자 또는 바보를 통치자로 선택했다.

국가를 이러한 대안의 위험에 노출시키면 거의 모든 일들이 국가에 불리해질 것이라는 사실은 고려하지 않는 것이다. 수치스러운 행위를 했다며 꾸짖는 디오니시우스(Dionysious : 고대 시칠리아 시라쿠사의 참주였다. 그의 뒤를 이은 디오니시우스 2세는 삼촌 디온과 함께 플라톤을 초청하여 이상국가를 실시하려고 했으나 실패했다)를 향한 아들의 대답은 지극히 타당한 것이었다. 아버지가 '내가 그런 짓을 보여준 적이 있더냐?'라고 하자 그의 아들은 '없었습니다. 하지만 아버지의 아버지는 왕이 아니셨습니다'라고 대답했던 것이다.

모든 상황들이 결합되어 남들을 지배하면서 자란 사람으로부터는 정의감과 이성을 빼앗아 버리게 된다. 우리는 어린 군주에게 통치술을 가르치기 위해 많은 노력을 기울인다는 말을 듣는다. 하지만 그들의 교육은 그다지 유익하지 않은 것처럼 보인다. 어쩌면 그들에게 복종하는 법부터 가르치는 것이 더 나을 수도 있다.

역사적으로 칭송받는 위대한 왕들은 지배하기 위한 교육을 받지 않았다. 통치는 많이 배운다 해도 제대로 터득할 수 없으며, 명령보다 복종하는 것을 통해 더 잘 배울 수 있는 학문이다. '선과 악을 선택하는 가장 안전하면서도 가장 편한 방법은, 만약 다른 사람이 왕이라면 당신은 무엇을 좋아하고 무엇을 싫어할 것인가를 생각해보는 것이기 때문이다.'(타키투스. 《역사》)

이러한 일관성 부족에서 비롯된 결과는 왕정이 불안정하다는 것이다. 왕정은 통치하는 군주나 군주 대신 통치하는 사람들의 성격에 따라 시시때때로 정책이 달라지므로 장기적인 목표나 일관성 있는 정책을 추진할 수도 없다. 이러한 변동성은 언제나 원칙과 계획을 변경하게 만들어 국가를 줄곧 혼란스럽게 만든다. 이러한 일들은 언제나 군주가 동일한 다른 정부에서는 일어나지 않는다.

그러므로 일반적으로 말하자면, 만약 궁정에는 더 많은 음모가 있다면, 원로원에는 더 많은 지혜가 있으며, 공화국은 보다 일관성 있고 더욱 신중한 정책에 따라 그들의 목표를 향해 나아간다고 할 수 있다. 반면에 군주국에서는 내각에서 혁명이 일어날 때마나 국가에도 혁명이 일어난다. 모든 각료들과 거의 모든 왕들이 전임자들과는 모든 면에서 정반대의 정책을 펼치는 것을 공통적인 원칙으로 삼고 있기 때문이다.

이러한 일관성의 부재로부터 왕정을 지지하는 학자들의 익숙한 궤변에 대한 해결책이 도출될 수 있다. 그들의 궤변은 정부와 군주를 가정과 가장에 비교할 뿐만 아니라 ― 이 오류는 앞에서 이미 논박한 바 있다 ― 군주가 필요한 모든 미덕을 갖추고 있는 것처럼 믿도록 하여 언제나 가장 이상적인 군주로 여기도록 하는 것이다.

일단 그러한 가정이 성립되면 다른 모든 정부 형태들보다 왕정은 분명 더 바람직한 것이라 할 수 있다. 왕정은 분명 가장 강력하며, 일반의지와 좀더 일치하는 단체의지만 있다면 가장 좋은 정부가 될 수 있기 때문이다.

하지만 플라톤이 말했듯이(3-4) '타고난 왕'이 그처럼 드물다면 자연과 행운이 동시에 일어나 왕위에 오르게 하는 일이 얼마나 자주 일어날 수 있을까? 그리고 만약 왕족의 교육이 필연적으로 교육받은 사람을 타락시킨다면 지배자가 되도록 교육받은 사람들로부터 무엇을 기대할 수 있을까? 그러므로 군주정치와 훌륭한 왕이 통치하는 정부를 혼동하는 것은 터무니없는 자기기만인 것이다. 군주정 그 자체를 있는 그대로 이해하려면 무능하거나 사악한 군주가 지배할 때의 정부를 검토해봐야만 한다. 사악하거나 무능한 사람이 왕좌에 오르거나 왕좌가 그들을 그렇게 만들 것이기 때문이다.

우리의 저술가들은 이러한 난점들을 피해갈 수 없었지만 그들은 한결같이 신경을 쓰지 않았다. 그들은 군소리 하지 말고 복종하는 것만이 해결책이라고 말한다. 신께서 분노하여 나쁜 왕들을 보내준 것이니, 천벌로 알고 견뎌야만 한다는 것이다.

참으로 교훈적인 말씀이기는 하지만, 정치학 책보다는 설교단 위에서 해야 더 어울리는 말일 것이다. 기적을 약속하면서 환자에게 참으라는 말밖에 할 줄 모르는 의사에 대해 어떤 생각을 해야 할까? 나쁜 정부가 있을 때는 견뎌내야만 한다는 것쯤은 우리 스스로 잘 알고 있다. 문제는 훌륭한 정부를 찾아내는 방법이다.

제7장
혼합정체 MIXED GOVERNMENTS

정확히 말하면, 단일 정부는 없다. 한 사람의 우두머리에게도 부하 행정관들이 있어야만 하고 국민의 정부라 해도 한 명의 우두머리는 있어야만 한다. 그러므로 행정권의 분배에는 언제나 다수에서 소수에 이르기까지 단계적인 변화가 있다. 때로는 다수가 소수에 종속되고 때로는 소수가 다수에 종속된다는 차이가 있다.

때로는 행정권이 균등하게 분배되는 경우도 있다. 영국 정부처럼 정부를 구성하는 부분들이 서로 의존하고 있거나, 폴란드처럼 각 부분의 권력이 독립해 있지만 불완전할 경우에 그렇다. 폴란드 같은 정부 형태는 정부 내에 통일성이 없어 국가의 유대가 약해지기 때문에 좋지 않다.

단일정부와 혼합정부 중 어떤 것이 더 좋을까? 정치학자들 사이에서 충분히 논의되었던 문제이지만 앞에서 모든 정부 형태에 대해 제시했던 것과 동일한 대답을 해야만 하겠다.

단일정부는 단일하다는 이유 그 자체만으로 최선이다. 하지만 행정권이 입법권에 충분히 의존하고 있지 않다면, 다시 말해 국민과 군주의 관계보다 군주와 주권자의 관계가 더 가깝다면, 정부를 분할하는 것으로 이 같은 균형상의 오류를 바로잡아야만 한다. 그렇게 되면 정부의 모든 부분들이 국민에게 행사하는 권위는 약해지지 않는 반면에 분할로 인해 주권자에 대한 권위는 약해지기 때문이다.

이러한 결함은 중개하는 행정관들을 임명하는 것으로 막을 수 있다. 이들은 정부를 분할하지 않고도 두 권력의 균형을 잡아주고, 그들 각자의 권리를 유지시키는 역할을 한다. 그렇게 되면 혼합된 정부가 아니라 조정된 정부인 것이다.

이와 반대되는 결함도 비슷한 방법으로 개선할 수 있다. 정부가 너무 이완되어 있다면 집중시키기 위해 위원회를 설치해야만 한다. 이것은 모든 민주정부에서 실천하고 있다. 첫 번째의 경우는 정부의 힘을 약화시키기 위해 분할하는 것이고, 두 번째는 강화하기 위한 것이다. 단일정부에서는 정부의 강점과 약점이 최대치로 나타나지만, 혼합정부에서는 평균 정도의 세기로 나타난다.

제8장

모든 정부 형태가 모든 국가에 다 적합한 것은 아니다

THAT ALL FORMS OF GOVERNMENT ARE NOT PROPER IN EVERY COUNTRY

자유는 모든 지역에서 열매를 맺는 것이 아니므로 모든 나라의 국민들이 얻을 수는 없다. 몽테스키외가 확립한 이 원리에 대해 깊이 생각해볼수록 그것이 진실임을 확신할 수 있게 되며, 반대하면 할수록 새로운 증거들에 의해 더 많은 근거들이 확립된다.

세상의 모든 정부에서 공적인 인간은 소비만 할 뿐 아무것도 생산하지 않는다. 그렇다면 그들이 소비하는 물자는 어디에서 얻는 것일까? 그것은 구성원들의 노동으로부터 얻는 것이다. 주권자에게 필요한 것들은 개인들이 생산하고 남은 것이다. 따라서 시민 국가는 인간의 노동이 자신에게 필요한 것보다 더 많이 생산하는 동안에만 존재할 수 있다.

그런데 이 잉여생산물은 세상의 모든 국가에서 동일하지 않다. 상당히 많은 나라도 있고, 적은 나라도 있으며, 전혀 없거나, 아예 생산물이 모자라는 나라도 있다. 이러한 관계는 지역의 비옥함과 토지가 요구하는 노동의 종류, 생산물의 성질, 주민들의 체력, 생활에 필요한 물품의 많고 적음 그리고 이런 모든 것들을 구성하는 비슷한 관계들에 따라 좌우된다.

한편 모든 정부가 동일한 성질을 갖고 있는 것은 아니다. 다른 나라에 비해 더욱 탐욕스러운 정부도 있으며, 이러한 차이는 공공의 부담이 그 원천으로부터 멀어질수록 더욱 커진다는 또 다른 원리에 근거한다. 이러한 부담은 부과되는 세금의 양에 의해 측정될 수 없으며, 세금이 그것을 납부한 사람의 손으로 다시 돌아가기 위해 거쳐야만 하는 거리에 의해 측정될 수 있다. 이러한 순환이 신속하게 잘 이루어진다면 개인적인 세금이 많고 적음은 아무런 문제가 되지 않고 국민은 항상 부유할 것이고 재정은 언제나 건전한 상태가 된다.

이와는 반대로 국민이 세금을 아무리 적게 낸다 해도 그것이 국민에게 돌아오지 않는다면 국민은 언제나 세금만 내게 되므로 곧 파산하게 된다. 그래서 국가는 결코 부유하지 않고 국민은 언제나 가난해진다.

이러한 사실로부터 정부와 국민의 사이가 멀어질수록 납세 의무는 점점 더 부담스러워진다는 것을 알 수 있다. 민주정부에서 국민은 세금을 적게 내며 귀족정부에서는 더 많이 내고, 군주정부에서 가장 많이 낸다. 그래서 군주정치는 부유한 국가에서만 적합하고, 귀족정치는 중간 정도의 크기와 자원을 가진 국가에 적합하며, 민주정치는 가난하고 작은 국가에 적합하다.

사실 이러한 면에서 더 생각해보면 자유국가와 군주국가의 차이는 다음과 같은 것으로 보인다. 자유국가에서는 모든 것이 공동의 이익을 위해 사용되지만 군주국가에서는 공공의 힘과 개인의 힘이 서로 상호적이어서 한쪽의 힘이 커지면 다른 쪽은 약해진다는 것이다. 결국 전제정치는 국민을 행복하게 만들기 위해 지배하는 대신 지배하기 위해 국민을 불행하게 만든다.

그렇다면 각 지역에는 자연적인 원인들이 있으며 그것에 따라 풍토의 힘이 요구하는 정부 형태를 정할 수도 있으며, 심지어는 어떤 종류의 주민이 그 풍토에서 살아야만 할지도 말할 수 있다.

노동의 대가를 기대할 수 없는 척박하고 메마른 땅은 개척하지 않은 황무지로 남겨두거나 미개인들이 살도록 해야 한다. 인간의 노동으로 오직 생활필수품만 얻을 수 있는 지역이라면 야만인들이 살도록 해야 한다. 그런 곳에서는 모든 정치조직이 불가능하다.

노동력 이상의 잉여생산물이 평범한 정도인 곳은 자유로운 국민에게 적합하다. 땅이 비옥하고 풍부해서 약간의 노동으로 많은 생산물을 얻을 수 있는 곳은 국민의 잉여생산물이 군주의 사치에 의해 소비될 수 있도록 군주에 의해 통치되어야 한다. 이러한 잉여생산물은 개인들에 의해 탕진되는 것보다 정부에 흡수되는 것이 더 낫기 때문이다. 예외들이 있다는 것은 알고 있다. 그러나 이러한 예외들 자체도 조만간 혁명을 불러와 사물을 자연의 질서로 되돌리므로 이 규칙이 옳다는 것을 증명해준다.

일반적인 법칙은 그 결과를 변형시킬 수 있는 개인적인 원인과 언제나 구별해야 한다. 비록 남쪽은 모두 공화국이 되고 북쪽은 전제적인 국가가 된다 해도, 풍토의 영향에 의해 전제정치는 더운 나라에 적합하고 야만 상태는 추운 지방에 알맞으며 훌륭한 정치는 그 중간 정도의 지역에 적합하다는 것은 분명한 진실일 것이다.

이 원리가 인정받고는 있지만 그것의 적용에 대해선 논란이 있을 수도 있다는 사실 역시 알고 있다. 춥지만 매우 비옥한 지역도 있을 수 있고, 남쪽이지만 메마른 지역이 있다고 말할 수 있다. 그러나 이러한 어려움은 이 문제를 모든 관계에서 살펴보지 않는 사람들에게만 해당한다. 앞서 설명했듯이 우리는 노동, 체력 그리고 소비 능력 등의 관계들을 고려해야만 한다.

면적이 똑같은 두 곳의 경작지에서 한 곳에서는 5를 생산하고 다른 곳에서는 10을 생산한다고 가정해 보자. 만약 전자의 주민들은 4를 소비하고 후자의 주민들은 9를 소비한다면 전자의 잉여생산물은 5분의 1이고 후자는 10분의 1이 될 것이다. 따라서 두 곳의 잉여생산물의 비례는 생산물의 반대가 되므로 5를 생산하는 곳은 10을 생산하는 곳보다 두 배의 잉여생산물이 생긴다.

그러나 여기에서 두 배의 생산량이 문제가 아니다. 추운 지역의 땅이 일반적으로 더운 지역과 똑같이 비옥하다고 섣불리 생각하는 사람은 없을 것이다. 하지만 이 두 곳의 땅이 모두 비옥하다고 가정해 보자. 그래서 이를테면, 영국과 시칠리아 섬 혹은 폴란드와 이집트가 똑같이 비옥하다고 해보자. 남쪽으로 더 나아가면 아프리카와 인도가 있고, 북쪽으로는 더 이상 아무것도 없다. 동일한 생산물을 얻으려면 경작 방법에는 어떤 차이가 있을까? 시칠리아 섬에서는 단지 땅을 파헤치기만 하면 되지만, 영국에서는 얼마나 많은 노력을 들여야만 하겠는가! 동일한 생산물을 얻는데 더 많은 노동력 필요한 곳에서는 필연적으로 잉여생산물이 적어질 수밖에 없다.

　　이것 외에도 인원수가 동일해도 더운 나라에서는 훨씬 더 적게 소비한다는 것을 고려해보자. 기후로 인해 건강을 위해 음식을 절제해야 한다. 유럽인들이 자기 나라에서 살았던 것처럼 살려고 하면 모두 이질이나 소화불량으로 죽게 될 것이다.

　　샤르댕(Chardin)은 '아시아인들과 비교하면, 우리는 육식동물이다. 페르시아인의 절제를 그들의 나라가 충분히 경작되지 않았기 때문이라고 생각하는 사람들도 있다. 나는 그와는 반대로 주민들이 적게 소비하기 때문에 적게 생산하는 것이라고 생각한다. 만약 그들의 검소함이 나라가 가난해서 그런 것이라면 가난한 사람들만 적게 먹겠지만 그와는 달리 모든 사람들이 다 적게 먹는다. 그리고 각각의 지방에서 토지의 비옥함에 따라 많이 먹거나 적게 먹어야 하겠지만 그와는 반대로 왕국 전체적으로 똑같이 절제한다는 것을 알 수 있다. 그들은 자신들의 생활 방식에 자부심을 갖고 있으며, 기독교인들보다 얼마나 더 훌륭한가를 알고 싶다면 자신들의 얼굴색만 봐도 된다고 말한다. 실제로 그들의 얼굴색은 좋고 피부는 곱고 매끄러우며 윤기가 흐르는데 반하여 유럽인들처럼 생활하는 그들의 속국인 아르메니아인들의 얼굴색은 거칠고 붉으죽죽하며 몸은 비대하고 무겁다'라고 말한다.

적도에 가까이 갈수록 사람들이 음식을 절제한다. 그들은 거의 고기를 먹지 않으며 쌀과 옥수수, 조, 쿠스쿠스, 기장 그리고 카사바 등을 주로 먹는다. 인도에서는 하루의 식사비용이 1수(sou, 프랑스의 옛 화폐단위, 1/20 프랑에 해당)도 안되는 사람들이 수백만 명이나 있다. 유럽에서도 북쪽 지역과 남쪽 지역의 국민 사이에는 식욕에서 상당한 차이가 있다는 것을 알 수 있다. 독일인의 저녁 식사 한끼의 비용으로 스페인 사람은 8일을 살 수 있을 것이다. 사람들이 더 많이 폭식을 하는 나라들에서는 사치가 음식물을 소비하는 방식으로 나타난다. 영국에서는 식탁을 음식으로 가득 채우는 것으로 사치를 하며 이탈리아에서는 설탕과 꽃으로 대접한다.

의복의 사치에서도 비슷한 차이들이 나타난다. 계절의 변화가 급격한 지역에서는 더 좋고 단순한 옷을 입는다. 오직 치장하기 위해서만 옷을 입는 지역에서는 실용성보다 화려함을 중요시하므로 의복 자체가 사치품이 된다. 나폴리에서는 금으로 장식된 상의를 입은 사람들이 양말을 신지 않은 채 포실리포 공원를 산책하는 것을 매일 볼 수 있다.

건물들도 마찬가지다. 날씨 외에는 걱정할 것이 없는 곳에서는 화려함만이 유일한 고려 대상이다. 파리나 런던에서는 따뜻하고 편안한 집에 살기를 원하지만, 마드리드에서는 호화로운 응접실은 있지만 닫을 수 있는 창문은 없으며, 쥐구멍 같은 침실에서 잠을 자야 한다.

더운 나라들의 음식은 훨씬 풍부하고 맛이 좋다. 이런 세 번째 차이는 두 번째 차이에 영향을 미칠 수밖에 없다. 이탈리아에서는 왜 그렇게 많은 채소들을 먹는 것일까? 이탈리아의 채소는 질이 좋아서 영양분이 많고 맛이 좋기 때문이다. 물로만 재배되는 프랑스의 채소는 양분이 거의 없어서 식탁에서는 환영받지 못한다. 재배하는데 땅이 적게 필요한 것도 아니며 경작하는 비용과 노력이 적게 드는 것도 아니다.

북아프리카에 있는 바르바리 지방의 밀은 다른 면에서는 프랑스의 밀보다 질은 나쁘지만, 밀가루는 더 많이 만들어내며 프랑스의 밀이 북쪽 나라의 밀보다 더 많은 밀가루를 만들어낸다는 것은 확인된 사실이다. 이것으로부터 적도에서 북극 방향으로 향해가면서 품질의 차이가 점진적으로 나타난다는 것을 추정해 볼 수 있다. 하지만 동일한 생산물에 영양이 더 적다는 것은 불리한 일이 아닐까?

이처럼 다양한 고려사항들로부터 파생된 것이지만 한층 더 강화해주는 다른 한 가지를 덧붙일 수 있다. 더운 나라는 추운 나라보다 주민이 적게 필요하므로 더 많은 주민을 부양할 수 있다는 것이다. 그래서 두 배의 잉여생산물이 생기므로 언제나 전제정치에 이롭다는 것이다.

고정된 수의 주민이 더 넓은 영토를 차지할수록 반란이 일어나기가 더 어려워진다. 신속하고 비밀스러운 모의 행위가 불가능하고 정부는 쉽사리 음모를 밝혀내고 서로의 연락을 차단할 수 있기 때문이다. 그러나 많은 국민들이 모여 살수록 정부는 주권자의 지위를 침해하기 어려워진다.

국민의 지도자들은 궁정의 군주처럼 자신들의 집에서 안전하게 모의할 수 있으며, 군주의 군대가 연병장에 모이는 것만큼이나 신속하게 광장에 모일 수 있다.

그러므로 전제적인 정부의 이점은 아주 먼 거리에서 지배한다는데 있다. 지렛대의 힘이 그렇듯이, 미리 만들어놓은 거점들의 도움을 받아 거리가 멀어질수록 정부의 힘은 강해진다.(3-5) 반면에 국민의 힘은 오직 집중되어 있을 때만 발휘된다. 넓게 분산되어 있다면 국민의 힘은 소실되어 사라진다. 마치 땅 위에 흩어진 화약이 한 알씩 불이 붙어 사라지는 것과 같다. 그러므로 인구가 가장 적은 나라에는 전제정치가 가장 적합하다. 맹수는 오직 황야에서만 군림한다.

제9장
좋은 정부의 특징에 대하여 THE MARKS OF A GOOD GOVERNMENT

　명확하게 '어떤 정부가 가장 좋을까?'라고 묻는다면, 이 질문은 막연할 뿐더러 답변할 수도 없다. 오히려 모든 국민들의 절대적이며 상대적인 입장들로 생각해볼 수 있는 여러 가지 조합들만큼이나 좋은 대답들이 많이 있을 것이다.

　그러나 어떤 기준으로 주어진 국민이 훌륭하게 혹은 잘못 통치되고 있는지를 알 수 있는가를 묻는 것은 또 다른 문제이다. 이 질문은 사실에 관한 것이므로 답변할 수 있다.

　하지만 모두가 자신만의 방식으로 대답하고 싶어 하기 때문에 이 질문에 대한 답변도 없다. 군주국가의 신민은 국가의 평온을 찬양하고 민주국가의 시민은 개인의 자유를 찬양한다. 전자는 재산의 안전을 더 앞세우지만 후자는 개인의 안전을 더 선호한다. 전자는 가장 엄격한 정부를 가장 훌륭한 정부라고 생각하지만 후자는 가장 관대한 정부를 가장 훌륭한 정부라고 생각한다. 전자는 범죄의 처벌을 원하지만 후자는 범죄의 예방을 원한다. 전자는 이웃 나라들이 두려워하는 국가가 되기를 원하지만 후자는 관심을 끌지 않기를 더 원한다. 전자는 돈이 잘 유통되는 것에 만족하지만 후자는 국민들에게는 빵이 있어야 한다고 요구한다.

비록 이러한 것들이나 이와 비슷한 문제들에 대한 합의가 이루어진다 해도 더 나아질 것이 있을까? 정신적인 특성을 정확하게 평가할 수 없으므로 어떤 특징에 대한 합의가 가치 평가에 대한 합의를 의미하지는 않는다.

나로서는 이처럼 간단한 특징을 알아보지 못하거나, 인정하지 않을 만큼 사람들의 불신이 널리 퍼져 있다는 사실에 줄곧 놀라곤 한다. 정치적인 연합의 목적은 무엇일까? 구성원들의 보존과 번영이다. 그렇다면 그들의 보존과 번영을 나타내는 가장 분명한 특징은 무엇일까? 구성원들의 수와 인구다. 그렇다면 논쟁의 대상인 이 특징을 다른 곳에서는 찾을 수가 없다. 다른 조건들이 동등하다면 외국의 도움이나 귀화 혹은 식민지 없이도 시민들이 늘어나며, 가장 잘 증가시킬 수 있는 정부가 확실히 가장 훌륭한 정부이다. 국민이 감소하고 쇠락해가는 정부가 가장 나쁘다. 통계학자들이여! 이제 이 문제는 당신들의 일이다. 계산하고, 판단하고, 비교해 보라. (3-6)

제10장
정부의 악폐와 타락의 경향
THE ABUSE OF GOVERNMENT AND ITS TENDENCY TO DEGENERATE

개별적인 의지가 지속적으로 일반의지에 대항하여 작동하듯이 정부도 끊임없이 주권을 해치는 권력을 휘두른다. 이러한 권력 행사가 늘어날수록 정치체제도 점점 변화하게 된다. 이런 경우에 군주의 의지에 저항하는 것으로 균형을 이루게 될 또 다른 통일된 의지가 없으므로 머지않아 군주는 분명 주권자를 탄압하고 사회 계약을 파기하게 된다. 이것은 불가피하고 선천적인 결함으로 마치 수명과 죽음이 인간의 육체를 파괴시키는 것으로 끝나는 것처럼 정치체가 탄생하는 그 순간부터 끊임없이 그것을 파괴하려는 경향이 있다.

정부가 타락하는 데에는 두 가지의 일반적인 경로가 있다. 정부 자체가 축소되거나 국가가 힘을 잃게 될 때이다. 정부는 다수에서 소수로 즉, 민주정치에서 귀족정치로 그리고 귀족정치에서 군주정치로 변화할 때 축소된다. 그렇게 되는 것은 타고난 성향이다. 만약 소수에서 다수로 반대의 경로를 밟아간다면 정부가 느슨해진 것이라 할 수 있지만, 이런 역행은 불가능하다.

사실 정부는 힘이 완전히 고갈되어 본래의 형태를 유지할 수 없을 만큼 약해졌을 때 외에는 절대로 변화하지 않는다. 만약 정부가 영토를 단번에 확장시켜 긴장 상태가 이완되면 그 힘은 완전히 소멸되어 정부를 유지하는 것은 더욱 어렵게 될 것이다. 그러므로 긴장 상태를 팽팽하게 유지해 제 기능을 유지하도록 할 필요가 있다. 그렇지 않으면 정부가 떠받치고 있는 국가는 붕괴될 것이다.

국가의 소멸은 다음의 두 가지 방식으로 일어날 수 있다.

무엇보다 군주가 법에 따라 국가를 다스리지 않고 주권을 빼앗는 경우이다. 이럴 때는 현저한 변화가 발생하게 되어 정부가 아닌 국가가 축소된다. 커다란 국가가 분리되어 그 안에 오직 정부의 구성원들로만 구성된 또 다른 정부가 구성되고, 그들은 다른 모든 국민들에게 주인이거나 폭군이 되고 만다. 그러므로 정부가 주권을 빼앗는 순간 사회계약은 파기되고 공인이 아닌 모든 시민은 당연한 권리로써 천부적인 자유를 회복하며, 복종을 강요받아도 복종할 의무는 없게 된다.

정부의 구성원들이 오직 집단으로만 행사해야 하는 권력을 개별적으로 빼앗을 때도 똑같은 일이 발생한다. 이것도 심각한 법 위반 행위이며, 한층 더 큰 혼란을 일으킨다. 이럴 경우, 행정관의 수만큼 군주들이 많아지며 정부만큼이나 국가도 분열되어 멸망하거나 그 형태를 바꾸게 된다.

국가가 해체될 때 정부의 권력남용은 그것이 어떤 것이든 '무정부'라는 공통의 이름을 갖게 된다. 구별하자면, 민주정치는 '중우정치'로, 귀족정치는 '과두정치'로 퇴보한다. 왕정은 '참주정치'로 퇴보한다고 덧붙여 말할 수도 있지만 이 마지막 용어는 모호해서 설명이 필요하다.

통속적인 의미에서 참주는 정의나 법과는 상관없이 폭력적으로 다스리는 왕이다. 그러나 엄밀한 의미에서 참주는 왕권을 가질 만한 권한도 없으면서 왕권을 가로챈 개인이다. 그리스인들은 참주라는 용어를 이와 같은 뜻으로 이해했다. 그들은 좋은 군주든 나쁜 군주든 상관없이 정당하지 않은 권위를 가진 군주를 참주라고 불렀다. 그러므로 '참주'와 '찬탈자'는 완전하게 같은 뜻을 지닌 용어였다.

나는 서로 다른 것에 다른 명칭을 붙이기 위해 왕권을 빼앗은 사람은 '참주'라 부르고 주권을 빼앗은 사람은 '독재자'라 부를 것이다. 참주는 법에 따라 통치하기 위해 몰래 법을 어기는 사람이며, 독재자는 스스로를 법 위에 놓아두는 사람이다. 그러므로 참주는 독재자가 될 수 없지만, 독재자는 언제나 참주인 것이다.

제11장
정치체의 멸망 THE DEATH OF THE BODY POLITIC

　가장 훌륭하게 구성된 정부의 몰락도 자연스러우며 피할 수 없는 것이다. 스파르타와 로마도 멸망했는데, 과연 어떤 국가가 영원히 지속되기를 바랄 수 있을까? 만약 오래 지속될 정부형태를 수립하고 싶다 해도 영구적인 것을 만들자는 생각은 하지도 말자. 성공하고 싶다면 불가능한 것을 시도해서는 안 되며, 인간의 일에는 허용되지 않는 견고함을 이러한 인간의 과업에 부여하고 있다며 스스로를 과신해서도 안 된다.

　인간의 몸과 마찬가지로 정치체도 태어나면서부터 서서히 죽기 시작하며 그 자체 내에 파멸의 원인들을 떠안고 있다. 하지만 둘 다 길거나 짧은 기간을 유지할 수 있는 어느 정도의 강건한 체질은 갖출 수 있다. 인간의 체력은 자연의 작용이며, 국가의 조직은 기술의 문제다. 자신들의 수명을 연장시키는 일은 인간의 능력으로는 할 수 없지만 국가에 최상의 제도들 제공하는 것을 통해 국가의 생명을 최대한 연장시키는 것은 인간의 일이다. 가장 잘 구성된 국가도 종말을 맞이하겠지만 예상치 못한 사고로 갑작스럽게 파멸되지 않는다면 최상의 제도를 갖춘 국가는 다른 어떤 국가보다 더 오래 존속할 수 있을 것이다.

정치적인 생명의 원리는 주권에 있다. 입법권은 국가의 심장이며 행정권은 모든 부분을 움직이게 만드는 두뇌다. 이 두뇌는 마비될 수도 있지만 개인은 여전히 살아갈 수 있다. 바보가 되어도 살아갈 수 있을 것이다. 하지만 심장이 제 기능을 멈추게 되면, 동물은 죽는다.

국가는 법이 아닌 입법권에 의해 유지된다. 어제의 법이 오늘에는 구속력을 가질 수 없지만 침묵은 암묵적인 동의로 간주된다. 그리고 권한을 가지고 있는 주권자가 폐지하지 않는다면 그 법을 계속 인정하고 있는 것이다. 주권자가 일단 원한다고 선언한 것은 그 선언을 취소하지 않는 한 언제나 원하고 있는 것이다.

그렇다면 왜 오래된 법을 그렇게도 존중하는 것일까? 오래 되었다는 것 때문이다. 그토록 오랫동안 유지될 수 있었던 것은 오직 그 법이 뛰어났기 때문이라고 믿어야만 한다. 주권자가 유익한 것이라고 인정하지 않았다면, 그들은 그 법을 폐지했을 것이다. 이것이 잘 조직된 국가에서 법이 약화되지 않고 도리어 지속적으로 새로운 힘을 얻어가는 이유인 것이다. 오래된 것에 대한 선입견이 매일매일 더 훌륭하다고 생각하도록 만드는 것이다. 반면에 법이 오래되어 점점 약화되는 곳이라면 어디든 더 이상 입법권이 없다는 것을 증명하는 것이며, 그 국가는 죽은 것이다.

제12장
주권은 어떻게 유지되는가

HOW THE SOVEREIGN AUTHORITY MAINTAINS ITSELF

입법권 외에는 다른 어떤 힘도 없는 주권자는 오직 법에 따라 행동한다. 그리고 법은 오로지 일반의지의 정당한 행위에 불과하므로 주권자는 국민이 모였을 때 외에는 행동할 수 없다. 모여 있는 국민은 그저 망상일 뿐이라고 말하는 사람도 있을 수 있다. 오늘날에는 그 말이 맞지만, 2천 년 전에는 그렇지 않았다. 인간의 본성이 변했던 것일까?

정신적인 문제에서 가능성의 범위는 우리가 상상하는 것보다 좁지 않다. 그 범위를 한정시키는 것은 우리들의 우유부단함과 사악함 그리고 편견이다. 비열한 인간은 위대한 인간에 대한 믿음이 없다. 비굴한 노예들은 자유라는 단어를 비웃는다.

이미 이루어진 것으로 앞으로 이룰 수 있는 것을 판단해보자. 고대 그리스의 공화국들에 대해서는 아무것도 언급하지 않겠다. 하지만 내 생각으론 로마 공화국은 위대한 국가였고 로마의 도시는 컸다. 마지막 인구조사는 로마에서 무기를 다룰 수 있는 시민이 40만 명이었다는 것을 보여준다. 또 제국의 인구에 대한 마지막 조사는 속국의 주민과 외국인, 여성, 어린이 그리고 노예를 제외하고 400만 이상의 시민이 있었다는 것을 보여준다.

수도와 그 주변 지역의 엄청나게 많은 주민들을 집회에 자주 불러야 하는 일은 얼마나 어려운 일이었을까! 하지만 로마인들이 모이지 않고 지나간 주는 없으며 심지어는 여러번 모였을 때도 있었다. 그들은 주권자의 권리뿐만이 아니라 정부의 권리들 중의 일부까지 행사했다. 그들은 업무들도 처리하고, 재판도 했으며, 모두 다 시민이자 행정관으로서 광장에 모였다는 것을 알 수 있다.

만약 국가들의 초기 역사로 거슬러 올라가 보면, 대부분의 고대 정부들이 마케도니아는 물론 프랑크처럼 군주 체제의 나라까지도 이와 비슷한 평의회를 열었다는 사실을 알 수 있다. 아무튼 내가 제시한 이와 같은 명확한 사실 하나만으로 모든 어려움을 해결할 수 있다. 실제로 있었던 일로부터 가능성을 추론하는 것은 훌륭한 논법이다.

제13장
주권은 어떻게 유지되는가(계속)

광장에 모인 국민이 하나의 법체계를 승인하는 것으로 국가의 구조를 단번에 결정짓는 것은 충분하지 않다. 그들이 영속적인 정부를 세우거나 모든 행정관을 단번에 선출한다는 것도 충분하지 않다. 예상치 못한 상황에 따른 임시집회 외에도 폐지하거나 연기할 수 없는 고정된 정기집회가 있어야만 한다. 그래서 공식적으로 회의를 소집할 필요 없이 법에 의해 정해진 날에 합법적으로 모여야 한다.

그러나 날짜가 정해져 있는 합법적인 집회들과는 별개로 집회의 소집을 담당하는 행정관에 의해 소집되지 않았거나 법률에 규정된 절차에 의해 소집되지 않은 모든 집회는 불법적인 것이며, 그 집회에서 이루어진 모든 행위들은 무효로 간주되어야만 한다. 소집 명령 그 자체가 법에 따라 진행되어야만 하기 때문이다.

합법적인 집회를 얼마나 자주 열어야 할 것인가는 대단히 많은 고려사항들에 따라 결정되어야만 하므로, 이에 관해 제시할 수 있는 명확한 원칙은 없다. 다만 일반적으로 정부가 더 강력할수록 주권자는 더 자주 집회에 참여해야 한다고 말할 수 있을 뿐이다. 단 하나의 도시라면 그렇게 할 수도 있겠지만 여러 도시들을 포함하고 있는 국가에서는 어떻게 해야 할까? 주권을 나누어야 하는가? 아니면 도시 한 곳에 주권을 집중시키고 나머지 도시들은 모두 예속시켜야 하는 것일까? 이렇게 물어볼 수도 있을 것이다.

나는 둘 다 옳지 않다고 대답하겠다. 첫째, 주권은 단일한 것이므로 파괴되지 않고 분할될 수는 없다. 둘째, 국가와 마찬가지로 한 도시가 합법적으로 다른 도시에 예속될 수 없다. 정치체의 본질은 복종과 자유의 조화에 있으며 신민과 주권자라는 단어는 시민이라는 단일한 단어에서 표현되는 개념과 동일한 상관관계를 갖기 때문이다.

더 나아가, 여러 도시를 하나의 도시로 통합하는 것은 언제나 옳지 않은 일이며, 그러한 통합을 원한다 해도 그로 인한 자연스러운 불이익을 피할 수 있다고 기대해서는 안 된다고 대답할 것이다. 오직 작은 나라만을 원하는 사람에게 큰 나라에서 일어나는 폐단들을 제시하는 것은 소용없는 일이다. 하지만 과거에 그리스의 도시들이 대왕에게 저항했듯이, 그리고 근래에는 네덜란드나 스위스가 오스트리아 왕가에 저항했듯이 어떻게 하면 작은 나라가 큰 나라에 저항할 힘을 가질 수 있을까?

그럼에도 불구하고 만약 국가를 적절한 한계까지 축소시킬 수는 없다면 아직 한 가지 방법이 남아 있다. 그것은 수도를 전혀 허용하지 않는 것으로 정부의 소재지를 도시마다 옮겨 다니면서 각 지역의 주요 인사들을 그곳으로 모이도록 하는 것이다.

영토 내에 국민들이 고르게 살도록 하고 어디에나 동등한 권리를 갖도록 하며 모든 곳에 풍요로움과 활력이 넘치도록 한다. 이러한 방법들에 의해 국가는 가장 잘 통치되면서 동시에 가장 강력해질 것이다. 도시의 성벽은 시골집들을 부수고 쌓아진다는 것을 기억해야 한다. 중심지에 세워진 모든 궁전을 보면서 나라 전체가 폐허가 되고 있는 것처럼 보이기 때문이다.

제14장

주권은 어떻게 유지되는가(계속)

국민이 주권의 주체로서 합법적으로 모이는 그 순간 정부의 재판권은 정지되고, 행정권은 보류되며, 가장 하층의 시민에 속하는 개인도 최고행정관과 마찬가지로 신성하며 침해받을 수 없다. 대표하는 개인이 출석한 곳에 더 이상 대리인은 필요하지 않기 때문이다. 로마의 민회에서 일어났던 대부분의 소동은 이 규칙을 몰랐거나 무시한 데서 비롯된 것이었다. 당시의 집정관들은 국민의 의장일 뿐이며 호민관은 단순한 대변자일 뿐이며, 원로원은 아무것도 아니었다.

군주는 실질적인 상급자를 인정하고 또 인정해야만 하는 이 권한정지 기간을 언제나 두려워했다. 정치체를 지키는 방패이며 정부에 채워진 고삐였던 이 시민의 집회는 언제나 통치자들에겐 끔찍하게도 싫은 것이었다. 그러므로 그들은 시민들의 집회를 막기 위해 온힘을 기울여 반대하고 방해하고 갖가지 약속을 제시했던 것이다. 시민들이 탐욕스럽고 비겁하고 무기력하거나 자유보다 안일함을 더 좋아한다면 더욱 더 강해지는 정부의 노력에 대항하여 오래 버틸 수 없다. 그러므로 정부의 저항하는 힘이 점점 더

164

커지게 되면 주권은 소멸되고 대부분의 국가는 제 역할을 다하지 못하고 무너지고 사라지게 된다.

그러나 주권과 독단적인 정부 사이에 중간적인 권력이 개입하는 경우가 있는 것에 대해서는 언급을 해야만 할 것이다.

제15장
대의원 또는 대표자 DEPUTIES OR REPRESENTATIVES

공적인 복무가 시민들의 주된 관심사가 아니게 되고, 직접 복무하는 것보다 돈으로 해결하려 한다면 국가의 붕괴는 그리 멀지 않다. 전쟁에 참여해야만 할 때 그들은 군대에 비용을 내고 집에 머물러 있으며, 회의에 참석해야 할 때 대리인을 지명하고 집에 머무른다. 게으름과 돈의 힘으로 그들은 마침내 군인들에게 나라를 지키게 하고 대리인을 내세워 나라를 팔아버린다.

상업과 기술에 대한 집착과 탐욕스러운 사리사욕과 사치와 안락함에 대한 애착은 개인적인 복무를 돈으로 대신하게 만든다. 사람들은 더욱 더 편한 시간을 갖기 위해 자기 이익의 일부를 내놓는다. 돈을 지불하라. 그러면 곧 쇠사슬에 얽게 되리라. '자금(資金 finance)'은 노예의 말로서 시민들 사이에서는 알려지지 않았던 것이다. 정말로 자유로운 나라에서는 시민들이 자신의 두 팔로 모든 일을 했으며 돈으로 해결하는 일은 없었다. 자신들의 의무를 면제받기 위해 돈을 지불하지 않았으며 오히려 의무를 다하기 위해 돈을 지불하려 했다. 나는 널리 퍼져 있는 이 생각에 동의하지 않는다. 나는 강제적인 노동이 세금보다 더 적게 자유를 침해한다고 생각한다.

국가의 조직이 훌륭할수록 시민들의 마음속에 공적인 일들이 사적인 것들보다 더 크게 자리 잡는다. 사적인 일들이 훨씬 덜 중요해지는 것은 공유하는 행복의 총합이 각 개인의 행복보다 더 큰 비중을 차지하기 때문이다. 그렇게 되면 개인적인 노력을 적게 들여도 되는 것이다. 잘 관리되고 있는 국가에서는 모든 시민들이 집회에 모여들지만 나쁜 정부에서는 아무도 집회에 가려고 발걸음을 떼어놓지 않는다. 그곳에서 벌어질 일들에 대해 아무도 관심이 없기 때문이며, 또한 일반의지가 우세하지 않을 것이라고 예상하기 때문이며, 결국에는 자신의 집안일에만 모든 관심을 기울이게 된다. 좋은 법은 더 훌륭한 법을 만들도록 이끌고, 나쁜 법은 더 나쁜 법을 불러오게 된다. 누군가가 국가의 공무에 대해 '그게 나랑 무슨 상관이야?'라고 한다면 그 국가는 사멸된 것으로 생각해야 한다.

미적지근한 애국심, 사적인 이익을 위한 활동, 엄청나게 큰 국가, 정복과 정부의 권력 남용 등이 국가적인 집회에 국민의 대리인 또는 대표자를 보내는 방법을 만들어내게 했다. 이것이 바로 몇몇 국가에서 제3의 계급이라고 부르는 것이다. 그러므로 두 계층의 개별적인 관심사가 1순위와 2순위를 차지하고, 공공의 관심사는 세 번째 순위를 차지했을 뿐이다.

주권은 양도될 수 없다는 것과 동일한 이유로 대표될 수도 없다. 주권은 본질적으로 일반의지 속에 존재하며 일반의지는 대표될 수 없다. 일반의지는 그 자체이거나 전혀 다른 어떤 것이지 그 중간은 가능하지 않다. 그러므로 대리인은 국민의 대표자가 아니며 대표자가 될 수도 없다. 그들은 단지 국민의 관리 책임자에 불과하며 그들이 확고하게 결정을 내릴 수 있는 일은 없다. 국민이 직접적으로 재가하지 않은 법은 모두가 무효이며, 실제로 법이 아니다. 영국의 국민들은 스스로를 자유롭다고 여기지만, 그것은 전적으로 틀린 생각이다. 그들은 오직 의회의 구성원들을 선출하는 동안에만 자유롭다. 그들이 선출되는 순간부터 국민은 노예가 되며 아무런 힘도 없다. 자유를 누리는 짧은 기간 동안 그들이 자유를 행사하는 것을 보면 자유를 잃을 만하다는 것을 확인할 수 있다.

대표자의 개념은 근대적인 것으로, 봉건제도에서 유래한 것이다. 인류를 타락시키고 인간이라는 이름을 더럽힌 부정하고 부조리한 그 정부에서 비롯된 것이다. 고대의 공화국과 심지어 군주국에서도 국민은 대표자를 갖지 않았으며 그러한 용어조차 몰랐다. 호민관이 그처럼 신성시되었던 로마에서도 그들이 국민의 역할을 빼앗을 수도 있을 것이라는 생각조차 하지 않았으며, 그렇게 많은 호민관들이 단 한 건의 국민투표도 스스로 통과시키려 시도해본 적이 없었다는 것은 매우 특이한 일이다. 그라쿠스(그라쿠스 형제는 로마 공화정 시대에 평민을 위한 개혁을 시도했다)의 시대에 일부 시민들이 투표용지를 지붕 너머로 던져야만 했던 것처럼 이따금씩 너무 많은 국민들에 의해 벌어지는 난처한 문제에 대해서도 판단해보아야 한다.

권리와 자유가 모든 것인 곳에서는 불편함은 그리 문제가 되지 않는다. 이런 현명한 국민들 사이에서는 모든 것이 공정한 가치로 평가된다. 그들은 호민관마저도 감히 시도하려 하지 않았던 일을 릭토르(Lictor : 고대 로마 시대의 호위병)들에게 허용했지만, 그들이 국민을 대표하려 시도할 수도 있다는 것에 대해서는 전혀 걱정하지 않았다.

하지만 호민관이 어떤 방법으로 가끔씩 국민을 대표했는지를 설명하려면 정부가 어떻게 주권자를 대표하는가를 생각해 보는 것으로 충분하다. 법이란 순수하게 일반의지의 표명이므로 입법권에서 국민이 대표될 수 없다는 것은 명백하다. 그러나 단지 법에 효력을 부여하기 위해 적용되는 힘일 뿐인 행정권에서는 국민이 대표될 수 있으며 또 대표되어야만 한다. 이 문제를 면밀히 검토해보면 극히 소수의 국가들이 법을 갖고 있다는 사실을 알게된다. 어쨌든 행정권이 없는 호민관들은 자신들에게 위임된 권한으로는 로마 국민을 대표할 수는 없으며 오직 원로원의 권력을 빼앗는 것만으로 국민을 대표할 수 있었다는 것은 분명하다.

그리스에서는 국민이 해야만 하는 일은 모두 국민 스스로 처리했으며 지속적으로 광장에 모였다. 그리스인들은 온화한 기후 속에서 생활했으며, 탐욕스럽지 않았다. 노예들이 그들의 일을 대신했으며, 그들의 가장 큰 관심사는 자유였다. 이러한 이점들을 누릴 수 없다면 어떻게 그와 똑같은 권리를 유지할 수 있을까? 여러분의 나라는 기후가 더 혹독해서 더 많은 것들이 필요하다.(3-7) 일 년의 반은 광장을 사용할 수 없으며, 불분명한 언어는 툭 트인 광장에서 잘 들리지 않는다. 자유보다 더 많은 돈을 벌기 위해 애쓰고, 노예가 되는 것보다 가난하게 사는 것을 더 두려워한다.

그렇다면, 자유는 오직 노예의 도움에 의해 유지되는 것이 아닐까? 양 극단은 서로 통하니 그럴 수도 있겠다. 자연스럽지 않은 모든 것은 불편하며 다른 무엇보다 시민 사회는 더욱 불편하다. 타인의 자유를 희생시키지 않고는 자신의 자유를 지킬 수 없고, 노예가 철저히 노예일 때에만 시민들이 완전히 자유로울 수 있는 불행한 상황들도 있다. 스파르타의 경우가 그랬다. 현대인인 당신에게 노예는 없겠지만 당신 자신이 노예다. 당신의 자유로 노예의 자유를 산 것이다. 이러한 선택을 자랑스러워하겠지만, 나는 여기에서 인간다움보다 비겁함을 본다.

그렇다고 해서 노예가 필요하다거나 노예를 가질 권리가 정당하다는 의미는 아니다. 이미 그렇지 않다는 것은 증명한 바 있다. 나는 다만 고대의 국민들에겐 대표자가 없었는데, 스스로 자유롭다고 믿는 현대의 국민들이 왜 대표자를 갖고 있는지에 대한 이유들을 제시하고 있는 것일 뿐이다. 어떠한 경우에든 국민 스스로가 대표자를 내세우는 순간부터 그 국민은 더 이상 자유롭지 않으며, 더 이상 존재하지도 않게 된다는 것이다.

모든 것을 고려해 보자면, 국가가 아주 작지 않다면, 앞으로는 주권자가 우리들 사이에서 자신의 권리 행사를 지속하는 것이 가능하다고 생각하지 않는다. 하지만 만약 국가가 아주 작다면 정복되지 않을까? 그렇지 않다. 나중에 나는 어떻게 하면 많은 국민으로 인한 외적인 힘과 작은 나라의 통치하기 쉽고 질서를 유지하기 쉬운 점을 결합할 수 있는가를 보여줄 것이다.

제16장

정부의 수립은 계약이 아니다

THAT THE INSTITUTION OF GOVERNMENT IS NOT A CONTRACT

일단 입법권이 훌륭하게 확립되면 다음으로는 행정권을 확립하는 것이 문제가 된다. 개별적인 행위들에 의해서만 집행되는 행정권은 입법권의 본질과 달라서 자연스럽게 입법권으로부터 분리되기 때문이다. 만약 주권자가 그 자격만으로 행정권을 갖는 것이 가능하다면 권리와 사실이 너무 뒤섞여 법과 법이 아닌 것을 아무도 판단할 수 없게 된다. 그리고 이렇게 변질되면 폭력을 방지하기 위해 조직된 정치체는 곧 폭력의 희생물이 되고 말 것이다.

시민들은 사회계약에 의해 모두 평등하므로 모두가 해야만 하는 일에 대해서는 모두가 명령할 수 있겠지만, 정작 자신이 직접 하지 않는 일에 대해서는 남들에게 명령할 권리를 가진 사람은 아무도 없다. 바로 이것이야말로 정치체에 생명과 활동력을 부여하는데 반드시 필요하고, 정부를 구성하면서 주권자가 군주에게 부여하는 권리인 것이다.

이러한 정부 수립 행위가 국민과 그들 스스로가 정한 통치자간의 계약이라고 주장하는 사람들이 많이 있었다. 이 계약에 의해 한쪽은 명령하고 다른 한쪽은 복종할 의무를 진다는 조건이 규정되었다는 것이다. 나는 이것이 이상한 방법으로 맺는 계약이라는데 모두들 동의할 것이라고 확신한다. 하지만 이러한 의견이 지지할 수 있는 것인지를 살펴보기로 하자.

무엇보다, 최고의 권리는 양도될 수 없으며 변경될 수도 없다. 주권을 제한하려는 것은 곧 그것을 파괴하려는 것이다. 주권자가 자신보다 높은 지위의 사람을 세운다는 것은 불합리하며 모순되는 일이다. 스스로를 어떤 지배자에게 복종할 의무를 지게 한다는 것은 절대적인 자유 상태로 돌아가겠다는 것이다.

더 나아가, 국민과 이런저런 사람들 사이에 맺은 이러한 계약은 개별적인 행위라는 것이 분명하다. 따라서 이런 행위는 법일 수도 없으며 주권자의 행위일 수도 없으므로, 결과적으로 불법적인 것이 된다.

또한 계약 당사자들 서로의 관계는 오직 자연법의 지배만 받으며 상호간의 계약 이행에 대한 보증인도 전혀 없다는 것을 알 수 있으며, 이것은 모든 면에서 시민적 상태에 반하는 것이다. 힘을 갖게 된 자는 언제나 그 힘을 마음대로 행사하는 위치에 있으므로, 이것은 마치 '당신이 돌려주고 싶은 만큼만 돌려준다는 조건으로 당신에게 나의 재산을 모두 드리겠습니다'라고 다른 사람에게 말하는 행위에 계약이라는 이름을 붙이는 것과 같은 일이다.

국가 내에는 단 하나의 계약만 있으며, 그 자체로 다른 계약의 존재를 배제하는 연합의 계약이다. 이 최우선적인 계약을 침해하지 않는 그 밖의 공적인 계약은 생각조차 할 수 없다.

제17장

정부의 수립에 대하여 THE INSTITUTION OF GOVERNMENT

  그렇다면 정부를 구성하는 행위는 어떤 개념에서 나타난 것으로 생각해야 할까? 우선 이것은 복합적이거나 두 개의 다른 행위들, 즉 법의 제정과 집행으로 이루어졌다는 것을 밝혀야겠다.

  첫 번째 행위에 의해 주권자는 이러저러한 형태로 정부를 수립한다는 것을 규정한다. 이 행위가 법이라는 것은 명확하다.

  두 번째 행위에 의해 국민은 수립된 정부를 위임받게 될 통치자를 임명한다. 이러한 임명은 개별적인 행위이므로 제2의 법이 아니라 단지 첫 번째 법의 결과이며 정부의 기능일 뿐이다.

  어려운 문제는 정부가 존재하기 전에 어떻게 정부의 행위가 있을 수 있으며, 또 단지 주권자이거나 피지배자일 뿐인 국민이 어떤 상황들 하에서 군주나 행정관이 될 수 있는가를 이해하는 데 있다.

  바로 여기에서 정치체의 놀라운 특성들 중의 한 가지가 드러나는데, 이것에 의해 정치체는 모순되는 것처럼 보이는 작용들을 조화시킨다. 이것은 주권이 갑작스럽게 민주제로 전환되면서 이루어지기 때문에 뚜렷한 변화도 느끼지 못한 채 단지 전체 대 전체라는 새로운 관계에 의해 시민들은 행정관이 되어, 일반적인 행위로부터 개인적인 행위로 그리고 법의 제정으로부터 법의 집행으로 건너가게 되는 것이다.

이렇게 변화된 관계는 실제적인 사례가 없어 파악하기 어려운 공론(空論)이 아니다. 영국의 의회에서는 매일 일어나고 있는 일이어서, 그곳에서는 어떤 경우에는 사건을 좀 더 잘 토론하기 위해 하원을 전원위원회로 전환시키기도 한다. 그렇게 해서 조금 전까지는 주권자의 회의였던 것이 곧바로 단순한 위원회가 되는 것이다. 그것에 이어 이번에는 평민 하원으로서 전원위원회에서 결정한 사항들을 하원에 보고하여, 이미 다른 자격으로 결정한 사항들을 또 다른 자격으로 새롭게 토론하는 것이다.

이처럼 일반의지의 단순한 행위에 의해 실제로 수립될 수 있다는 것이 민주정부의 독특한 장점이다. 그러고 나서 이 형태가 채택되면 임시정부는 그대로 유지되는 것이며, 채택되지 않는다면 법에 의해 규정된 정부를 주권자의 이름으로 수립하는 것이다. 그러므로 모든 절차는 규칙에 따른 것이다. 이 외의 다른 방법으로는 합법적으로 그리고 앞서 제시한 원칙들에 따라 정부를 수립하는 것은 불가능하다.

제18장
정부의 월권을 방지하는 수단
HOW TO CHECK THE USURPATIONS OF GOVERNMENT

지금 설명한 것은 제16장의 내용이 옳다는 것을 확인해주며, 정부의 수립은 계약이 아닌 법이라는 것을 명확히 해준다. 즉, 행정권을 위임받은 자들은 국민의 주인이 아니라 그들의 관리이며, 국민이 원할 때 그들을 임명하거나 해임할 수 있으며, 그들에게는 계약이 아닌 복종만이 있을 뿐이며, 국가가 부여한 기능을 수행하는 것은 시민으로서 자신의 의무를 다하는 것일 뿐이며, 그 조건에 대해 논쟁할 권리는 없다는 것이다.

그러므로 국민이 세습 정부를 수립할 때, 그것이 어느 한 가문에 한정된 군주정부이거나 한 계급에 한정된 귀족정부이거나 상관없이 국민은 약속을 하는 것이 아니다. 그것은 국민이 다른 형태의 정부를 선택할 때까지 부여한 임시적인 형태인 것이다.

이러한 변화는 늘 위험하며, 수립된 정부는 공공의 이익과 조화를 이루지 못할 때 외에는 절대 손상시켜서는 안 된다는 것은 분명하다. 그러나 이러한 신중함은 정치학의 원리일 뿐이지 법에 따른 규정은 아니다. 그러므로 국가는 군대의 권력을 장군들에게 넘겨주어야 할 의무가 없듯이 시민의 권리를 통치자에게 넘겨주어야 할 의무도 없다.

이런 경우에 정당하고 합법적인 행위와 선동적인 폭동을 구별하고, 전체 국민의 의지와 어느 한 파벌의 소란스러운 요구를 구별하기 위해 필요한 모든 절차들을 대단히 신중하게 준수해야 한다는 것 또한 중요하다. 여기에서는 다른 무엇보다 엄격한 법의 해석에 근거해 도저히 거부할 수 없는 것에 대해서만 그런 특권을 부여해야 한다는 것은 특히 중요하다.

정부 형태를 변경하는 데 있어서 신중해야 한다는 이러한 의무로부터 군주는 국민들이 권리를 빼앗았다는 말을 할 수 없도록 만들면서 자신의 권력을 유지하는데 커다란 이익을 얻는다. 자신에게 주어진 권리만을 행사하는 것처럼 보이도록 하면서 권리를 확장시키는 것이 매우 쉽다는 것과 치안 유지를 구실로 올바른 질서를 재정립하기 위해 예정된 집회를 막을 수도 있기 때문이다. 군주는 자신이 깨트리지 못하도록 금지시켜 놓은 침묵과, 자신이 조장한 불법 행위를 이용하여 두려움 때문에 침묵하는 자들의 지지를 받고 있다고 주장하면서 과감하게 발언하는 자들은 처벌하는 것이다. 그러므로 처음에는 1년 임기로 선출된 로마의 10인 위원회도 민회(民會)의 소집을 금지시키는 것으로 자신들의 권력을 영구히 유지하려고 했던 것이다. 이처럼 쉬운 방법을 통해 세계의 모든 정부는 일단 공적인 권력을 차지하면 머지않아 주권을 빼앗았던 것이다.

앞에서 말한 정기적인 집회는 이러한 불행을 방지하거나 지연시키기 위해 설계된 것으로, 특히 형식적인 소집 절차가 필요하지 않을 때 유용하다. 이런 경우 군주는 스스로가 법 위반자이며 국가의 적이라는 것을 공공연히 선언하지 않고서는 이 집회를 막을 수 없기 때문이다.

오직 사회계약의 유지만을 목적으로 하는 이러한 집회들은 언제나 절대 탄압받지 않으며 따로따로 투표해야만 한다는 두 가지 제안과 더불어 개최되어야만 한다.

첫 번째는 '주권자는 현재의 정부 형태를 유지하기를 원하는가?'

두 번째는 '국민은 현재 행정을 담당하고 있는 자들에게 앞으로도 계속 맡기기를 원하는가?'

여기에서 나는 앞서 증명했다고 생각하는 사실, 즉 국가에는 폐지될 수 없는 기본법이 없으며 사회계약 자체도 배제되지 않는다는 사실을 당연하다고 생각하고 있다. 만약 모든 시민들이 모여 만장일치로 이 계약을 파기한다면, 이 계약은 가장 합법적으로 폐기되었다는 것을 의심할 수 없기 때문이다. 심지어 그로티우스는 각 개인은 자신이 속한 국가의 구성원이라는 자격을 포기할 수 있고, 조국을 떠나는 것으로 자신의 자연적인 자유와 재산을 회복할 수도 있다고 생각했다.(3-8) 만약 각각의 시민이 혼자서도 할 수 있는 일을 모든 시민이 모인 집회에서 할 수 없다는 것은 실로 불합리한 일인 것이다.

제3부

3-1 포즈난(포젠 Posen)주의 지사. 폴란드 국왕의 아버지인 로렌공. 나는
노예 상태의 평화보다 위험을 수반하는 자유를 더 선호한다.

3-2 행정관 선출을 법으로 규정하는 것은 대단히 중요하다. 군주의 재량
에 맡겨 버리면 세습 귀족정치로 전락하는 것을 막을 수 없기 때문이
다. 베네치아와 베른의 두 공화국이 실제로 그렇게 되었다. 그래서 베
네치아 공화국은 이미 오래 전에 국가가 해체되어 버렸다. 베른 공화
국은 지극히 현명한 원로원에 의해 아직도 유지되고 있다. 명예롭지
만 대단히 위험한 예외다.

3-3 마키아벨리는 올바른 사람이면서 훌륭한 시민이었다. 그러나 그는 메
디치 가의 궁정에 봉사하고 있었으므로 자신의 나라(피렌체)가 억압
받고 있는 동안 자유에 대한 사랑을 감춰야만 했다. 그가 체사레 보르
자(Cesare Borgia 1475~1507) 같은 혐오스러운 영웅을 찾아간 것은 그
에게 숨겨진 의도가 있었음을 충분히 보여준다. 그의 저서인 《군주
론》과 《리비우스에 관하여(로마사론)》, 《피렌체사》의 교훈 사이에 모
순점이 있다는 것은 이 심오한 정치사상가의 글이 피상적이거나 타락
한 독자들에 의해서만 읽혀졌다는 것을 보여준다. 로마 교황청은 그
의 저서를 엄격하게 금지시켰다. 나는 충분히 그럴 만했다고 생각한

다. 그가 가장 정확하게 묘사한 곳이 바로 로마 교황청이기 때문이었
다.

3-4 플라톤,《국가론》참조.

3-5 이것은 내가 앞(제2부 9장)에서 큰 나라의 불리함에 대해 설명한 것과
모순되지 않는다. 앞에서는 구성원들에게 미치는 정부의 권위를 이야
기했다면, 이번 장에서는 신민들에게 미치는 정부의 힘을 다루고 있
기 때문이다. 흩어져 있는 정부의 구성원들은 멀리 떨어져 있는 국민
들에게 작용하는 구심점의 역할을 하지만 정부가 그 구성원들에게 직
접 작용하게 되면 이 구심점이 없는 것이다. 그러므로 지렛대의 길이
는 경우에 따라 약점이 되기도 하고 강점이 되기도 한다.

3-6 인류의 번영을 위해 어느 시대가 훌륭했는지는 동일한 원칙에 의해
판단해야 한다. 사람들은 문학과 예술이 풍요로웠던 시대를 지나치게
찬미한다. 그들의 문화에 숨어 있는 은밀한 목적을 꿰뚫어보지 못하
고 그것들의 사악한 효과도 생각해보지 않은 채 찬미했던 것이다. '천
박한 사람들이 문명사회라 불렀던 시기가 실제로는 노예 제도가 형성
되던 때였다.'(타키투스의《아그리콜라》제21장).

3-7 추운 나라에서 동방인들의 사치스러움과 나약함을 본받는 것은 스스
로를 속박하는 것과 마찬가지다. 실제로 그들보다 더 필연적으로 우
리를 구속하게 될 것이다.

3-8 물론 이것은 의무에서 벗어나기 위해, 또는 국가가 요구하는 봉사를 모면하려고 외국으로 도피하는 것이 아니다. 이런 식의 도피는 범죄이며, 처벌 받아야 하는 행위이다. 그것은 떠나는 것이 아니라 도주한 것이다.

제4부

제1장

일반의지는 파괴될 수 없는 것이다

THAT THE GENERAL WILL IS INDESTRUCTIBLE

여러 사람들이 모여 스스로를 하나의 집단이라고 생각하는 동안에는 자신들 공동의 보호와 전체의 행복과 관련된 단 하나의 의지만을 갖게 된다. 이럴 경우 국가의 동력은 강력해지고 단순해지며 국가의 원칙들은 투명하고 명료해진다. 또한 이해관계가 서로 얽히거나 충돌되는 일은 발생하지 않는다. 공동체의 이익이 어디에서나 명확하기 때문에 오직 그것을 인식할 상식만이 필요하다. 평화, 단결 그리고 평등은 정치적인 술수들의 적이다. 정직하고 순수한 사람들은 단순하기 때문에 속이기 어렵다. 유혹이나 감언이설로 그들을 속일 수 없다. 그들은 속아 넘어갈 만큼 약삭빠르지도 않다.

이 세상에서 가장 행복한 국민들 중에서 한 무리의 농부들이 참나무 아래 모여 국가의 여러 문제들을 논의하고 언제나 현명하게 행동하는 것을 본다면 온갖 술책과 의혹으로 악명을 떨치며 스스로 비참해지는 다른 나라들의 용의주도함을 경멸할 수밖에 없지 않을까?

그렇게 통치되는 국가에는 법도 거의 필요하지 않다. 새로운 법의 제정이 필요하게 되면 모두가 그 필요성을 인식하고 있다는 것이다. 처음으로 그 법을 제안한 사람은 이미 모두가 알고 있는 것을 말한 것일 뿐이다. 이미 모든 사람들이 실행하기로 결정한 것에는 법으로 통과시키기 위한 계략이나 현란한 말솜씨가 필요 없다. 나머지 사람들도 모두 자신과 같은 생각을 하고 있다고 확신하기 때문이다.

이론가들이 오류에 빠지는 것은 처음부터 잘못 구성된 국가만을 보았기 때문에 그러한 정책의 적용이 불가능하다는 것에 충격을 받는 것이다. 그들은 교활한 사기꾼이나 궤변에 능한 웅변가들이 파리나 런던의 시민들을 믿도록 설득할 수 있을 것이라는 온갖 멍청한 짓들을 생각하며 비웃는다. 그들은 크롬웰이 베른의 시민들에 의해 감금되고, 보포르 백작이 제네바 시민들에 의해 징계를 받게 되리라는 것을 알지 못한 것이다.

그러나 사회적 연대가 느슨해지기 시작하고 국가가 약해지고, 개별적인 이익을 추구하고 작은 집단들이 큰 집단에 영향력을 행사하기 시작하면, 공동체의 이익에 변화가 생기면서 반대하는 사람들이 생긴다. 더 이상 만장일치는 이루어지지 않으며, '일반의 지'가 모두의 의지가 되지 않으며 상반된 의견과 논쟁이 벌어지고 제아무리 훌륭한 의견도 논쟁 없이는 받아들여지지 않는다.

마침내 멸망 직전에 다다른 국가는 오직 공허하고 가공적인 형태로만 존속하게 된다. 모든 사람의 마음속에 사회적 연대는 깨지고 가장 비열한 이익 추구가 뻔뻔하게도 공공의 이익이라는 신성한 이름을 내세우게 되고 일반의지는 침묵 속으로 빠져들게 된다. 은밀한 목적에 이끌린 모든 사람들이 마치 국가가 존재하지 않는 것처럼 더 이상 시민으로서의 의견을 내지 않게 되며, 오직 사적인 이익만을 추구하는 부정한 법령들을 법이라는 이름으로 통과시키게 된다.

이럴 경우, 일반의지는 소멸되거나 손상되고 말까? 전혀 그렇지 않다. 일반의지는 언제나 지속되며, 변질되지 않으며 순수하다. 하지만 일반의지의 영역에 침입한 다른 의지들에게 종속된 것이다. 각 개인은 공통의 이익과 자신의 이익을 따로 떼어놓으면서 그것들을 완벽하게 분리할 수 없다는 것을 명확하게 알고 있다. 하지만 공공의 불행에서 자신이 차지하는 몫은 자신의 것이라고 생각하는 배타적인 이익에 비해 사소한 것으로 보이는 것이다. 이러한 개별적인 이익과는 별개로 그는 자신의 이익을 위해 다른 무엇보다 강력하게 공동체의 이익을 바라고 있다.

돈을 받고 자신의 투표권을 팔 때조차 자기의 마음속에 일반의지를 지우는 것이 아니라 단지 회피하는 것일 뿐이다. 그가 저지른 실수는 질문을 피하면서 묻지도 않은 것에 대한 답변을 내놓는 것이다. 즉 자신의 투표권이 '국가의 이익을 위한 것'이라고 말하는 대신 '이러저러한 의견들이 채택되는 것이 이러저러한 사람 혹은 당파에 유리하다'고 말하는 것이다. 그러므로 의회에서 만들어지는 공공질서에 관한 법은 일반의지를 확고히 유지하려는 것보다 일반의지가 언제나 질문을 받고, 언제든 대답하도록 해야 한다.

이제 주권자의 모든 행위들 중에서 투표라는 단순한 권리, 즉 어떤 이유로도 시민에게서 빼앗아갈 수 없는 이 권리와 더불어 정부가 언제나 구성원들에게만 허용하기 위해 가장 신경을 쓰고 있는 의견을 밝히고, 제안하고, 분배하고, 토론하는 권리에 대한 다양한 견해들을 밝히려 한다. 하지만 이런 중요한 주제는 별도의 논문이 필요할 것이므로 여기에서 모든 것을 충분히 설명할 수는 없을 것이다.

제2장

투표 VOTING

앞 장에서 살펴본 바와 같이 공적인 일들을 다루는 방식은 도덕성의 실질적인 상태와 정치체의 건전성에 대한 명확한 지침을 제공해준다. 의견이 만장일치에 가까워질수록 일반의지는 점점 더 우세해진다. 반면에 지루한 토론과 분쟁 그리고 소란은 개별적인 이익을 우세하게 만들며 국가의 쇠퇴를 예고하게 된다.

이것은 의회 내에 둘 또는 그 이상의 계급이 참여할 경우에는 덜 명확한 것으로 보인다. 로마에는 귀족과 평민이 있었으며, 공화국의 전성기에도 그들 사이의 분쟁으로 종종 민회가 불안해졌기 때문이다. 그러나 이런 예외는 실제로 그랬다기보다 표면적으로 그렇게 보였던 것이다. 당시에는 정치체의 근본적인 결함으로 인해, 말하자면 한 국가 안에 두 개의 국가가 있는 셈이었기 때문이다. 두 계급 모두에게 진실이 아닌 것이 분리된 각각의 계급에게는 진실이었다. 실제로 가장 혼란스러웠던 때에도 원로원이 간섭하지 않는다면 평민의 국민 투표는 아주 평온하게 압도적인 다수로 진행되었다. 시민들이 오직 한 가지의 이익만을 추구했으므로, 국민도 오직 하나의 의지만을 갖고 있었던 것이다.

정반대의 상황에서도 만장일치는 때때로 일어난다. 노예상태로 전락한 시민들이 자유와 의지를 모두 상실했을 경우이다. 두려움과 비굴함이 투표를 맹목적인 찬성의 외침으로 변질시키는 것이다. 심사숙고는 사라지고 오직 찬양과 저주만이 남는다. 제정로마 시대의 황제 치하에서 원로원이 의견을 밝히는 비열한 태도가 그랬다. 때로는 터무니없이 은밀하게 준비되기도 했다. 타키투스(Tacitus : 로마 시대의 역사가)는 오토(Otho : 로마 제정 시대 제7대 황제) 치하의 원로원 의원들은 비텔리우스(Vitellius : 오토에 대항하여 훗날 황제에 올랐다)에게 저주를 퍼부으면서도 동시에 혼란스러운 잡음들을 일부러 만들어냈다고 전한다. 혹시 그가 나중에 황제가 되었을 때 누가 무슨 말을 했는지 알 수 없도록 하기 위해서였던 것이다.

이처럼 다양한 고찰에 의해 원칙들이 만들어진다. 이러한 원칙들에 의해 일반의지가 얼마나 쉽게 파악되고 국가가 어느 정도 쇠퇴하고 있는가에 따라 표를 계산하고 의견들을 비교하는 방법들이 정해져야만 한다.

본질적으로 만장일치의 동의가 필요한 법은 단 하나밖에 없다. 그것은 사회계약이다. 시민들의 연합은 모든 행위들 중에서 가장 자발적인 것이기 때문이다. 모든 인간은 자유롭게 태어났으며, 스스로가 자신의 주인이므로 어떤 구실로도 본인의 동의 없이는 아무도 그를 예속시킬 수 없다. 노예의 자식은 태어날 때부터 노예라고 결정해 버리는 것은, 태어날 때부터 인간이 아니라고 결정하는 것이다.

그러므로 만약 사회계약을 체결할 때 반대하는 사람이 있다면 그들의 반대는 계약을 무효화시키는 것이 아니며 단지 자신들이 그 계약에 포함되는 것을 막는 것일 뿐이다. 그들은 시민들 사이에 섞여 있는 이방인이다. 국가가 구성되었을 때 그곳에 거주한다는 것은 동의한다는 것이다. 즉 그 국가의 영토 내에 산다는 것은 주권에 복종한다는 것이다.(4-1)

이 근원적인 계약을 제외하고, 다수의 의견이 언제나 나머지 모든 사람을 구속한다. 이 계약 자체에 따른 결과이다. 하지만 인간이 자유로우면서 동시에 자신의 것이 아닌 의지에 순응할 것을 강요당할 수 있다는 것일까? 반대자들은 어떻게 자유로운 동시에 자신들이 동의하지 않는 법의 지배를 받는다는 것일까?

나는 이 질문은 잘못 제기된 것이라고 대답할 것이다. 시민은 모든 법에 동의한 것이다. 자신의 반대에도 불구하고 통과된 것들을 포함하여 위반할 경우 자신을 처벌한다는 법에도 동의한 것이다.

국가의 모든 구성원들의 변치 않는 의지가 일반의지다. 이 일반의지에 의해 그들은 시민이 되고 자유롭다.(4-2)

어떤 법이 국민들의 회의에 제안되었다면, 국민들에게 이 제안에 대한 승인과 거부를 묻는 것이 아니라 그들의 의지인 일반의지와 일치되는가의 여부를 묻는 것이다. 각 개인은 투표를 하면서 바로 그 점에 대한 자신의 의견을 표명하는 것이며 표를 계산하는 것으로 일반의지가 확인된다. 그러므로 나 자신의 의견과 반대되는 의견이 우세하다면 내 생각이 잘못되었으며, 내가 일반의지라고 생각했던 것이 그렇지 않다는 것이 입증된 것일 뿐이다. 만약 나의 개인적인 의견이 우세했다면 나의 의지와 반대되는 것을 이룬 셈이며, 이 경우에 나는 자유로웠다고 할 수 없다.

사실 이것은 일반의지의 모든 특성은 여전히 절대다수에 귀속된다는 것을 전제로 한다. 그렇지 않게 되면 어느 편에 가담하더라도 인간은 더 이상 자유로울 수 없다.

나는 앞에서, 공적인 협의에서 개별적인 의지가 어떻게 일반의지로 대치될 수 있는가를 보여주면서 이러한 오류를 예방할 수 있는 실용적인 방안을 충분히 제시했다. 여기에서 그 문제에 대해 더 설명하기로 하자. 또한 나는 일반의지로 선언되기 위한 투표수의 비율을 결정하는 원칙도 제시했다. 단 한 표의 차이로 동수는 무너지고, 한 사람의 반대표로 만장일치는 무산된다. 그러나 찬반 동수와 만장일치 사이에는 여러 단계의 균등하지 않은 분할이 있으며, 정치체의 상황과 필요성에 따라 이 비율을 결정할 수 있을 것이다.

이러한 관계를 규정하는데 도움이 될 수 있는 일반적인 원칙 두 가지가 있다. 첫 번째는 더 중대하고 중요한 문제들이 토론되고 있다면 의견은 만장일치에 가까워져야 한다는 것이다. 두 번째는 신속함이 요구되는 문제일수록 규정된 투표수의 차이가 더 적어야 한다는 것이다. 즉 당장 결정해야 할 문제에 대해서는 단 한 표가 더 많은 것으로도 충분하다.

이 두 가지 원칙 중에서 첫 번째 것은 법을 제정할 때 적합하고, 두 번째 원칙은 현실적인 문제를 다룰 때 적합하다. 어쨌든 이 두 가지 원칙의 적절한 배합으로 다수의 의견을 결정할 수 있는 최선의 비율이 주어진다.

제3장

선거 ELECTIONS

앞에서 설명한 것처럼 통치자와 관리의 선출은 복합적인 행위로 선발과 추첨의 두 가지의 진행 방법이 있다. 두 가지 모두 여러 공화국에서 채택했으며, 지금까지도 베네치아의 총독 선거에서는 이 두 가지를 매우 복잡하게 혼합하여 사용하고 있다.

몽테스키외는 '추첨에 의한 선거가 본질적으로 민주적이다'라고 말한다. 나도 이 말에 동의한다. 그러나 어떤 의미에서 그렇다는 것일까? 몽테스키외는 계속해서 이렇게 말한다. '추첨은 아무도 슬프게 만들지 않는 선거 방법이다. 시민 각자에게 자신의 나라에 봉사할 수 있다는 합리적인 희망을 준다.' 이것들이 이유가 될 수는 없다.

통치자의 선출이 주권이 아닌 정부의 기능이라는 점에 유의한다면 추첨이 왜 민주정치에 더 자연스러운지 알 수 있을 것이다. 민주정치에서는 행정부의 행위가 적게 집행될수록 더 훌륭한 행정이 되기 때문이다.

진정한 민주정치가 실현되는 곳이라면 행정직은 특권이 아니라 무거운 부담을 떠맡는 것이어서 다른 사람보다 어느 한 개인에게 더 강요할 수는 없다. 오로지 법만이 추첨으로 선택된 사람에게 책임을 맡길 수 있다. 그렇게 하면 모든 사람에게 동등한 조건이 주어지고, 선출이 어떤 인간적인 의지에 좌우되지 않으면서 법률의 보편성을 변질시키는 특별한 적용이 없을 것이기 때문이다. 귀족정치에서는 군주가 군주를 선출하면서 정부는 자연스럽게 존속되며 투표는 정당하게 이루어진다.

베네치아 총독 선거의 예는, 투표와 추첨의 이러한 구별을 파괴하는 대신 옳다는 것은 확인해준다. 이 두 가지가 혼합된 방식은 혼합군주국에 적합하다. 베네치아 정부를 진정한 귀족정치로 간주하는 것은 잘못이기 때문이다. 만약 국민이 정치에 전혀 참여할 수 없다면 귀족 자체가 국민이 된다. 다수의 가난한 바르나보트(베네치아의 가난한 동네 세인트 바르나바에 사는 귀족) 사람들은 행정직에는 가까이 다가갈 수도 없었고, 귀족은 그저 '경'이라는 공허한 칭호와 대의회에 참석할 수 있는 권한만이 있을 뿐이었다. 이 대의회는 우리의 제네바 총의회만큼 많은 의원들로 구성되어 있어 저명한 의원들도 우리의 일반 시민보다 더 많은 특권은 누리지 못했다.

이 두 공화국 사이의 극단적인 차이를 제외하고 말하자면, 제네바의 자본가 계급은 정확히 베네치아의 귀족계급에 해당하고, 제네바의 원주민과 거주민은 베네치아의 도시민과 국민에 해당하며, 제네바의 소작농들은 베네치아 군주국의 신민에 해당하는 것이 분명하다. 규모의 크기는 논외로 하고, 공화국에 대해 논한다면 베네치아 정부는 제네바 정부보다 전혀 귀족적이지 않다. 전체적인 차이점은 제네바에는 종신군주가 없기 때문에 베네치아처럼 추첨이 필요 없다는 것이다.

진정한 민주정치에서는 추첨에 의한 선출은 불편함이 거의 없을 것이다. 민주정치에서는 풍습이나 재능은 물론 견해와 재산에서도 모두 평등하기 때문에 누가 선출되든 큰 차이가 없다. 하지만 나는 이미 진정한 민주정치는 단지 이상일 뿐이라고 말했다.

선거와 추첨이 혼용되는 경우 군대의 직위처럼 특별한 능력이 필요한 자리는 선거에 의해 채워져야 한다. 추첨은 건전한 상식과 정의 그리고 성실함을 갖추는 것으로 충분한 재판관과 같은 직책을 선출할 때 적용한다. 체제가 잘 정비되어 있는 국가에서는 모든 시민들이 이러한 자질들을 갖추고 있기 때문이다.

군주정에서는 추첨도 투표도 전혀 자리를 잡을 수 없다. 왕은 법적으로 유일한 군주이자 유일한 행정관이므로 자신의 대리인들을 선택할 권리도 오직 군주에게만 있다. 생 피에르 신부(Abbe de Saint-Pierre 1658~1743 : 대표작 《유럽의 영구 평화론》은 루소, 칸트에게 영향을 주었다)가 프랑스 왕실의 자문회의를 더 많이 늘리고 의원들을 투표에 의해 선출할 것을 제안했을 때, 자신이 정부의 체제를 바꾸자는 제안을 하고 있다는 사실을 모르고 있었던 것이다.

이제 국민의 회의에서 의견들을 제시하고 선택하는 방법에 대해 언급해야겠다. 그러나 어쩌면 로마 정치제도의 면모를 생각해 보는 것이 내가 정할 수 있는 모든 원칙보다 더 명확하게 설명해 줄 수 있을 것이다. 20만 명의 시민들이 모인 회의에서 공적인 문제들과 사적인 문제들이 어떻게 처리되었는지 아주 세세한 일들까지 살펴보는 것은 현명한 독자들에게 가치있는 일일 것이다.

제4장

로마의 민회 THE ROMAN COMITIA

우리에겐 로마 시대 초기에 대한 신뢰할 만한 자료가 없다. 그 시대에 대한 대부분의 이야기들이 꾸며낸 것일 가능성이 매우 커 보이기도 한다. 사실, 일반적으로 말해, 민족들의 역사에서 건국을 다루는 부분이 가장 교훈적이지만 우리에게 남아 있는 기록은 거의 없다. 우리는 매일 어떤 원인으로 제국에서 혁명이 일어났는지를 경험으로 알고 있다. 하지만 이제 새로운 민족이 형성되는 일은 없기 때문에 민족의 형성을 설명하기 위해서는 거의 추측에 의존할 수밖에 없다.

우리가 찾아낸 확립된 관습들은 적어도 그 관습의 기원이 있었다는 것을 보여준다. 그 기원을 거슬러 올라가 만나게 되는 전통들 중에서, 가장 큰 권위로 뒷받침되고, 가장 강력한 증거들로 확인된 것들은 확실한 것으로 간주해야만 할 것이다. 나는 이러한 원칙들로 이 지구상에서 가장 자유롭고 가장 강력했던 민족이 어떻게 최고의 권력을 행사했던가를 탐구해보았다.

새로이 떠오른 로마가 건국된 후 알바인, 사비나인 그리고 이 민족들로 구성된 건국자의 군대는 세 가지 계급으로 분할되었으며, 그 구분에 따라 '부족'이라는 이름을 갖게 되었다. 이들 각각의 부족은 각각 10개의 쿠리아로 분할되고, 각 쿠리아는 다시 데쿠리아(10인조)로 분할되었으며, '쿠리온' 그리고 '데쿠리온'이라 부르는 지도자가 이끌었다.

그 외에 각 부족으로부터 기병과 기사 100명을 선발하여 백인대(century)라는 부대를 만들었다. 이것은 도시 내에는 거의 필요하지 않았던 부족의 분할이 처음에는 단순히 군사적인 것이었음을 보여준다. 하지만 어떤 위대한 본능이 조그만 도시였던 로마에 전 세계의 중심지가 되기에 적절한 정치체제를 미리 갖추도록 이끌었던 것으로 보인다.

이 최초의 구분으로 인해 곧 불편한 상황이 나타났다. 알바인 부족과 사비나인 부족은 동일한 상태로 머물러 있었지만 이민족들은 지속적으로 로마로 이주해 살게 되면서 마침내 다른 두 부족보다 더 강력한 힘을 갖게 되었던 것이다.

세르비우스(Servius : 고대 로마 왕정시대의 제6대 왕)는 이 위험한 결함을 분할의 원칙을 변경하는 것으로 바로잡으려 했다. 부족에 따른 분할을 폐지하고 각 부족의 거주 도시에 근거해 새롭게 분할하는 것이었다. 세 부족 대신 네 부족을 만들었으며, 각각의 부족은 로마의 구릉지대를 하나씩 차지하도록 하고 그곳의 지명으로 명칭을 붙였다. 이렇게 직면한 불평등을 시정하면서 미래를 위한 대비책도 마련한 것이었다. 단지 지역만이 아니라 사람들도 분할하기 위해 한 지역의 주민들이 다른 지역으로 이주하는 것을 금지시켜 부족들끼리 뒤섞이지 않도록 했다.

또한 그는 세 개였던 기존의 백인대를 배로 늘리고, 12개를 증설하면서 과거의 명칭을 유지시켰다. 이러한 간단하면서도 사려 깊은 방법에 따라 국민들의 불만을 사지 않고 기병대와 국민의 조직을 구분하는 성과를 거두었다.

세르비우스는 네 개의 도시 부족에 농촌 부족이라 불리는 15개의 다른 부족들을 추가시켰다. 이들은 15개 구역으로 분할되어 있던 농촌의 주민들로 구성되어 있었기 때문이었다. 그 후로도 15개의 구역이 더 만들어져 로마의 시민은 결국 35개의 구역으로 분할되었으며, 이것은 로마 공화국이 끝날 때까지 유지되었다.

도시와 농촌 부족으로 구분한 것은 대단히 주목할 만한 효과를 나타냈다. 이와 같은 예는 다른 곳에서는 찾아볼 수 없는 것이었으며, 로마는 이러한 분할 덕분에 풍습을 보존하고 제국을 확장시킬 수 있었다.

얼마 지나지 않아 도시 부족이 권력과 고위직을 독점해 오래지 않아 농촌 부족을 집어삼킬 것이라고 예상할 수도 있을 것이다. 그러나 실제로는 완전히 그 반대였다. 초기의 로마인들이 농촌생활을 즐겼다는 것은 널리 알려진 사실이다. 이러한 취향은 현명한 스승이었던 세르비우스 덕분에 생긴 것으로, 그는 농촌과 군대의 노역을 자유와 결합시켰다. 말하자면 기술과 수공업, 음모와 재물 그리고 노예제도 등을 도시로 추방해 버렸던 것이다.

그리하여 로마의 유명한 인물들은 모두 농촌에 살면서 토지를 경작했기 때문에 사람들은 공화국의 지지자들을 오직 농촌에서만 찾는 것에 익숙해져갔다. 가장 훌륭한 귀족들의 이러한 생활 방식은 모든 사람들의 존경을 받았다. 사람들은 로마 중산층의 나태하고 쓸모없는 생활보다 농촌의 소박하고 부지런한 생활을 더 좋아하게 되었다. 도시에서는 비참한 노동자가 되고 말았을 사람들이 농촌에서 땅을 일구면서 존경받는 시민이 되었다.

바로(Varro : BC 3세기 경 로마의 집정관)는 '우리의 위대한 조상들이 전시에는 국가를 방어해주고 평화로울 때는 생계수단을 제공해주는 억세고 용감한 사람들의 양성소를 농촌에 설립한 것은 다 이유가 있었다'라고 했다.

플리니우스(Plinius)는 더 명확하게 농촌 부족들은 그곳에 살고 있는 사람들로 인해 존경을 받았지만, 지위를 낮추어야 할 겁쟁이들은 굴욕을 주기 위해 도시 부족으로 보냈다고 설명했다. 로마에 정착했던 사비나족의 아피우스 클로디우스는 그곳에서 크게 존경을 받아 농촌 부족으로 편입되었으며, 그 농촌 부족은 그의 가문의 이름으로 불리게 되었다.

끝으로 노예에서 해방된 자유민은 모두 도시 부족으로 편입되었으며 농촌 부족에 편입되는 일은 없었다. 또한 로마 공화국의 처음부터 끝까지 비록 시민이 되었다 해도 해방된 노예들 중에 행정직에 오른 예는 단 한 건도 없었다.

이것은 매우 훌륭한 원칙이었지만, 너무 지나치게 적용되어 결국은 변질되었으며 정치체 내에서 공공연히 악용되기 시작했다.

첫째, 감찰관(censor)은 시민들을 마음대로 다른 부족으로 보낼 수 있는 권리를 오랫동안 누리고 난 후에는, 대부분의 사람들이 가고 싶은 부족으로 스스로 등록하는 것을 허락해주었다. 이러한 허락은 분명 아무런 이점도 없는 일이었으며, 오히려 감찰이라는 중요한 권력 수단을 빼앗긴 것이나 다름없었다.

게다가 능력 있고 영향력이 있는 사람들은 모두 농촌 부족에 등록했지만 노예에서 해방된 시민과 하층민은 도시 부족이 되었으므로 일반적으로 부족들은 더 이상 장소나 지역적인 의미를 갖지 못하게 되었다. 모든 부족들이 뒤섞여 있었기 때문에 등록부를 확인해보지 않고서는 부족 구성원들을 서로 구별할 수 없었다. 그러므로 부족이라는 단어는 실질적인 의미 대신 개인적인 의미를 갖게 되어 마침내는 거의 공상적인 것이 되고야 말았다.

이것에 더해 지역적으로 더 가까웠던 도시 부족들은 종종 민회에서 다수를 차지하게 되면서 민회를 구성하고 있는 하층민들의 표를 기꺼이 사들이는 자들에게 나라를 팔아넘기기도 했다.

로마의 창시자가 각 부족마다 10개의 쿠리아를 만들었으므로 당시 로마의 성벽 안에 거주하던 로마의 시민은 모두 30개의 쿠리아로 구성되었으며, 각각의 쿠리아에는 별도의 신전과 신, 관료, 사제가 있었다. 그리고 나중에 농촌 부족들이 개최했던 파가날리아에 해당하는 콤피탈리아라고 부르는 축제가 있었다.

세르비우스가 새로운 분할 제도를 만들었을 때, 30쿠리아는 네 개의 부족에게 동등하게 배분할 수 없었지만, 그가 개입하지 않으려 했으므로 쿠리아는 부족에서 완전히 독립된 로마의 거주 구역이 되었다.

그러나 농촌 부족이나 그곳의 구성원들의 경우에는 쿠리아가 아무런 문제도 되지 않았다. 부족은 순수한 시민 기구가 되고 군대 징집의 새로운 제도가 도입되었으므로 로물루스의 군사적인 분할이 필요없게 되었기 때문이다. 그러므로 모든 시민은 어느 한 부족에 등록되지만, 쿠리아의 구성원이 아닌 사람들도 무척 많았던 것이다.

세르비우스는 세 번째 분할을 시도했다. 앞의 두 가지와 전혀 다른 것이었으며 그 결과에 있어 가장 중요한 것이 되었다. 그는 로마의 모든 시민을 여섯 계급으로 나누면서 지역이나 사람이 아닌 소유재산으로 구분했다. 부자를 제1계급으로 하고 빈민은 제6계급으로 삼으면서 그 사이는 적당한 재산을 가진 자들로 정했다. 이러한 여섯 계급은 다시 백인대라 불리는 193개의 집단으로 나누었다. 그렇게 분할하자 제1계급이 단독으로 반 수 이상을 차지했지만 제6계급은 단 한 개만 차지하게 되었다. 그러므로 구성원이 가장 적은 계급이 가장 많은 백인대를 차지하게 되고, 로마 주민의 절반이 넘는 제6계급은 단 한 개의 백인대만 차지하게 된 것이다.

국민들이 이러한 배치의 결과를 자세히 알아차리지 못하도록 세르비우스는 이것을 군대 제도처럼 보이도록 했다. 즉 제2계급 안에 무기를 담당하는 두 개의 백인대를 끼워넣고 제4계급에는 전쟁 무기를 만드는 두 개의 백인대를 추가했다. 제6계급을 제외한 각각의 계급에는 젊은 사람과 노인을 구분하여, 법에 따라 군대에 징집되어야 할 사람과 군역을 면제받을 수 있는 사람으로 구별하게 했다.

이것은 재산에 의한 구분보다 더 자주 인구 조사가 필요하도록 만들었다. 마지막으로 그는 마르스(Mars : 로마 신화의 전쟁의 신이다) 광장에 집회를 열고 군대에 복역할 의무가 있는 연령의 사람들은 모두 무장을 하고 나올 것을 명령했다.

그가 젊은 사람과 노인의 구별을 최하위 계급에까지 실시하지 않았던 이유는 이 계급에 속하는 천민들에게는 국가를 위해 무기를 들 권리가 주어지지 않았기 때문이었다. 가정을 지킬 권리를 얻으려면 먼저 가정이 있어야만 한다. 오늘날(18세기) 왕들의 군대를 장식하고 있는 모든 오합지졸들 중에서 자유의 수호자였던 시절의 로마 보병으로부터 멸시를 받고 내쫓기지 않을 자는 아마 단 한 명도 없을 것이다.

그러나 제6계급에서도 무산자와 천민은 구별되었다. 무산자가 완전히 무시된 것은 아니었다. 적어도 국가의 시민이었으며 때로는 긴급한 필요가 있을 때 병사가 되기도 했다. 그러나 가진 것이 전혀 없으며 오직 머릿수로만 계산될 수 있었던 천민은 전혀 중요하지 않은 존재로 취급되었다. 최초로 이들을 군대에 들어갈 수 있게 한 사람은 마리우스(Martius : 로마 공화정 시대의 장군, 집정관)였다.

이 세 번째 분할 자체가 좋은 것인지, 나쁜 것인지에 대한 판단 없이 이것은 오직 초기 로마인들의 특성이라 할 수 있는 꾸밈 없는 도덕심, 공평무사함, 농경에 대한 선호, 상업과 물질에 대한 집착을 경멸하는 태도로 인해 실행 가능했을 것이라고 주장할 수는 있으리라 생각한다. 탐욕, 불안, 음모, 빈번한 이동, 재산의 끊임없는 변동을 겪는 오늘날의 국민들 사이에서 국가를 전복시키지 않고 이러한 제도를 20년 동안 유지할 수는 없지 않을까?

우리가 정말로 관심 있게 보아야 할 것은 이러한 제도보다 더 강력한 도덕성과 통제가 로마의 결함들을 바로잡았으며 부자라도 자신의 부를 지나치게 과시할 경우 빈민 계급으로 격하된다는 것을 알고 있었다는 점이다.

이러한 모든 것들로부터 실제로는 여섯 개의 계급이 있지만, 왜 다섯 개의 계급만이 거의 언제나 언급되고 있는가를 쉽게 이해할 수 있다. 제6계급은 군대에 병사를 보낼 수도 없었고, 마르스 광장(4-3)에서 투표도 할 수 없어 국가 내에서 거의 아무런 기능도 담당하지 못했기 때문에 논의의 대상이 되는 일이 거의 없었다.

이러한 다양한 방식들로 로마 시민의 계급은 분할되었다. 지금부터는 이러한 분할이 민회에 끼친 영향을 살펴보기로 하자. 합법적으로 소집된 집회를 '민회'라고 불렀다. 민회는 일반적으로 로마의 시민 광장(포룸)이나 마르스 광장에서 열렸으며, 소집한 형태에 따라 쿠리아 민회, 백인대 민회, 부족 민회로 구분되었다. 쿠리아 민회는 로물루스가 창시한 것이고, 백인대 민회는 세르비우스가 그리고 부족 민회는 호민관이 설립한 것이다.

민회의 승인 없이는 법을 통과시킬 수 없었고 행정관도 선출될 수 없었다. 모든 시민들은 쿠리아와 백인대 또는 부족에 등록되어 있었으므로 투표권이 없는 사람은 없었다. 따라서 로마 시민은 법적으로나 실제적으로나 진정한 주권자였다.

민회는 합법적으로 소집되었으며, 그들의 결의가 법적으로 효력을 가지려면 다음과 같은 세 가지 조건이 필요했다. 첫째, 민회를 소집하는 집단이거나 행정관은 소집에 필요한 권한을 가지고 있어야만 한다. 둘째, 집회는 반드시 법에서 허용한 날에 열려야한다. 셋째, 점성관이 허락해야만 한다.

첫 번째 규정에 대한 이유는 설명할 필요조차 없다. 두 번째 규정은 정책과 관련된 문제다. 축제일이거나 시골 사람들이 장사를 하기 위해 로마로 오는 장날에는 광장에서 보낼 시간이 없기 때문이었다. 그리고 세 번째 규정을 통해 원로원은 거만하고 다루기 힘든 시민들을 견제하고 선동적인 호민관의 열의를 적당히 억제시키려 했다. 하지만 호민관들은 이러한 방해를 피해가는 더 많은 방법들을 찾아냈다.

법 제정과 관직 선출만이 민회의 판단에 맡겨진 문제는 아니었다. 로마 시민은 정부의 가장 중요한 기능들을 떠맡았으므로 유럽의 운명은 로마의 민회에서 규정되었다고 말할 수도 있을 것이다. 민회가 결정을 내려야만 하는 문제들에 따라 그들의 다양한 목적들이 다양한 형태를 띠고 나타나게 되었다.

이처럼 다양한 형태들에 대해 판단하기 위해서는 그것들을 비교해 보는 것만으로 충분할 것이다. 로물루스가 쿠리아를 만들었을 때, 시민들이 원로원을 견제하고 동시에 원로원이 시민을 견제하도록 하려는 생각이 있었다. 그렇게 함으로써 자신이 양자에 대한 지배력을 유지하려 했던 것이다. 그러므로 그는 귀족에게 부와 권력을 넘겨 주고 그것과 균형을 맞추기 위해 시민들에게는 민회라는 수단을 통해 수로 행사할 수 있는 모든 권위를 부여한 것이다.

하지만 군주제의 정신에 따라 그는 투표의 다수결에 영향력을 끼치는 가신(家臣)들을 통해 귀족들에게 더 많은 이점을 제공했다. 후견인과 가신이라는 뛰어난 이 제도는 정치와 인류가 빚어낸 걸작으로 이것이 없었다면 공화주의의 정신에 완전히 반대되는 귀족 계급은 살아남을 수 없었을 것이다. 로마만이 유일하게 이 세계에 이처럼 위대한 실례를 전해주는 영예를 누렸지만, 로마에서는 어떤 폐단도 일으키지 않았던 이 제도를 그 후로는 아무도 따르지 않았다.

쿠리아 집회는 세르비우스의 시대까지 왕들에 의해 지속되었지만 마지막 왕인 타르퀴니우스의 통치는 합법적인 것으로 인정되지 않았으므로 일반적으로 왕이 제정한 법을 '쿠리아의 법'이라고 부른다.

공화정 체제에서 쿠리아는 여전히 네 개의 도시 부족에 한정되었으며 로마의 하층민들만 포함하고 있었으므로 귀족들이 이끄는 원로원이나 평민이지만 부유한 시민들의 대표인 호민관에게는 적합하지 않았다. 그러므로 쿠리아는 신뢰를 잃게 되고 세력도 약해져 결국 30명의 릭토르가 모여 쿠리아 민회에서 해야 할 일들을 처리했다.

백인대에 의한 분할은 귀족정치에 그처럼 유리한 것이었는데 원로원이 처음에는 어떻게 집정관과 통제관 그리고 그 밖의 고위 관직을 선출하는 민회에서 우세하지 못했는지 그 이유를 이해하기 어렵다. 사실 193개의 백인대는 전체 로마 시민의 6계급으로 나누어져 있었으며, 제1계급이 98개를 차지했다. 투표는 오직 백인대에 의해 진행되었으므로 제1계급만으로 나머지 모든 계급을 누르고 다수를 차지할 수 있었다. 이들의 의견이 일치되면 나머지의 표는 가져올 필요조차 없었다. 가장 소수가 내린 결정이 다수의 결정으로 간주된 것이므로 백인대 민회에서 결정은 투표수보다 지갑의 깊이에 의해 더 많이 처리되었다고 말할 수 있을 것이다.

그러나 이 극단적인 권위는 두 가지 방법으로 완화되었다. 첫째는 원칙적으로는 호민관이 그리고 부유한 계급에 속하는 다수의 평민들이 제1계급 내에서 귀족들의 영향력과 균형을 맞추었다. 두 번째 방법은 다음과 같은 것이었다. 언제나 제1계급부터 투표를 시작하게 되어 있는 백인대의 투표를 원래의 순서에 따라 실시하는 대신 로마인들은 언제나 추첨에 의해 한 계급을 선택하여 그들만으로 선거를 진행했다. 그런 다음 모든 백인대는 계급에 따라 다른 날에 소집되어 똑같은 투표를 하여 첫 번째 선거를 확인했다. 그러므로 계급으로부터 선례(先例)의 권위를 제거하여 추첨에 민주주의의 원칙을 부여했던 것이다.

이러한 전통으로부터 새로운 이점이 생겼다. 즉 농촌 출신의 시민들은 두 차례의 선거가 진행되는 동안 후보자로 지명된 인물의 장점을 파악할 수 있는 시간을 얻게 되어, 사전 지식 없이 투표해야 하는 경우는 없었다. 그러나 시간을 다투는 문제라는 핑계로 이러한 전통은 폐지되었으며 두 차례의 선거가 같은 날에 시행되었다.

부족 민회는 당연한 로마 시민의 회의였다. 호민관만이 소집할 수 있었으며, 여기에서 호민관이 선출되었고, 평민회의 결의를 통과시켰다. 원로원은 여기에서 아무런 지위도 없을 뿐만 아니라 참여할 권리도 없었다. 원로원은 자신들이 투표할 수도 없는 법에 복종해야만 했다. 이러한 면에서는 그들이 최하층민보다 덜 자유로웠다.

이러한 불공정은 관리를 잘못한 결과이므로, 이러한 사실만으로도 모든 구성원들이 참여하지 못하는 기구의 법령들은 무효로 하기에 충분했다. 모든 귀족들이 시민으로서의 권리에 의해 평의회에 참석했다 할지라도 단지 개인일 뿐이므로 머릿수로 계산되는 투표에 중대한 영향력도 끼칠 수는 없었다. 이 투표에서는 가장 비천한 천민도 원로원의 의장 만큼이나 영향력을 끼칠 수 있었다.

그러므로 그렇게 많은 사람들을 분할하고 그들의 표를 수집하는 다양한 방법들에서 비롯된 질서 외에도, 이처럼 다양한 방법들이 그 자체와 무관한 형식으로 축소되는 것이 아니라 각각의 결과들을 선호하도록 만드는 목적과 관계된 것이라는 사실을 알 수 있을 것이다.

여기에서 더 상세하게 설명하지 않아도, 지금까지 살펴본 것으로부터 우리는 부족 민회는 국민의 정부에 가장 적합하며, 백인대 민회는 귀족정치에 가장 적합하다는 것을 알 수 있다.

로마의 최하위 계층이 대다수였던 쿠리아 민회는 오직 전제정치와 사악한 음모에만 어울리는 것이었으므로 자연스럽게 평판이 나빠졌으며, 선동적인 사람들마저도 자신들의 계획이 너무 극명하게 드러나는 이 방식은 활용하지 않았다.

로마 국민의 모든 위대함은 백인회에서만 찾아볼 수 있다는 것은 명확하며, 백인회만이 모두를 포함하고 있었다. 쿠리아 민회는 농촌 부족들이 제외되었으며 부족 민회에는 원로원과 귀족이 배제되었기 때문이다.

고대 로마인들이 표를 모으는 방법은 비록 스파르타만큼은 아니었지만 자신들의 풍습만큼이나 소박했다. 한 사람씩 자신의 뜻을 소리내어 밝히면 서기는 즉시 기록했다. 부족들 사이의 다수표가 국민의 투표를 결정했으며, 쿠리아와 백인대의 투표도 같은 방식으로 진행되었다. 이러한 관행은 시민들 사이에 정직함이 지배하는 동안만큼은 훌륭한 것이었으며 각자가 부당한 제안이거나 부끄러운 이유를 들어 공개적으로 투표하는 것을 부끄럽게 생각했다.

하지만 시민들이 점점 타락하고 투표를 사고파는 일이 생겨나자 비밀투표를 실시하게 되었다. 이것은 불신에 의해 매표 행위를 억제시키고 불량배들에게 배신자가 되지 않는 방법을 제공하기 위한 것이었다.

나는 키케로(Cicero BC 106~43 : 로마 공화정의 이상을 위해 평생을 바친 철학가이며 정치가)가 이러한 변화를 비난하면서 로마 공화국 몰락의 부분적인 원인으로 돌렸다는 것을 알고 있다. 하지만 비록 이러한 점에 대한 키케로의 권위가 상당하다는 것은 알지만, 나는 그의 의견에 동의할 수 없다. 반대로 그러한 변화가 충분히 이루어지지 않았기 때문에 국가의 파괴가 급속하게 진전된 것이라고 생각한다. 건강한 사람을 위한 섭생법이 환자에게는 적합하지 않듯이, 우리는 선량한 시민들을 위한 법으로 타락한 시민들을 다스리려고 해서는 안 된다. 이러한 원칙을 가장 잘 증명하는 데 있어 오랫동안 존속했던 베네치아 공화국보다 더 나은 증거는 없을 것이다. 베네치아 공화국의 흔적이 여전히 남아 있는 것은 오로지 그들의 법이 사악한 인간들에게만 적합한 것이기 때문이었다.

그러므로 시민들에게는 누구에게 투표하는지 서로가 전혀 알 수 없도록 명판(名板)을 나누어주었다. 또한 이 명판들을 모으고, 표를 계산하고 득표수를 비교하는데 필요한 새로운 방법들이 만들어졌다. 그러나 이러한 모든 예방책들도 이러한 일들을 맡은 관리들의 정직성에 의문을 품게 되는 것을 막지는 못했다. 결국 술책과 투표의 부정거래를 방지하기 위한 포고령들이 발표되곤 했다. 하지만 수많은 포고령은 그것들이 얼마나 쓸모가 없었는지를 보여준다.

공화국 말기로 다가가면서 법의 결함을 보완하기 위해 종종 특별한 편법에 의지할 필요가 있었다. 때로는 믿기지 않는 방법들이 만들어지기도 했다. 그러나 이러한 방법은 시민들에게는 강요할 수 있었을지 모르지만 통치자들에게는 그렇게 할 수 없었다. 때로는 후보자들끼리 파벌을 조성하지 못하도록 하기 위해 집회가 급작스럽게 소집되기도 했다. 때로는 시민들이 잘못된 입장 쪽으로 기울거나 넘어가는 것처럼 보일 때는 회의 시간을 연설로 채워버리는 경우도 있었다. 그러나 결국에는 야망이 저지하기 위한 모든 시도들을 교묘히 피해갔다. 이러한 모든 잘못된 행위들의 와중에도 수많은 시민들이 오래된 규정에 따라 관리를 선출하고, 법을 통과시키고, 재판을 하고, 공적이거나 사적인 일들을 원로원에서 하는 것만큼이나 쉽게 처리했다는 것은 가장 믿을 수 없는 사실이다.

제5장
호민관 THE TRIBUNATE

    국가를 구성하는 요소들 사이의 균형을 정밀하게 잡을 수 없을 때이거나 어떤 원인으로 인해 이들 사이의 관계가 끊임없이 변동될 때는 나머지 기관들과 전혀 관계가 없는 특별한 행정직을 설치할 필요가 있다. 이 행정직은 각 기관들이 본래의 관계를 회복하고 군주와 시민이거나 군주와 주권자 사이에서 그리고 필요하다면 양쪽 모두를 연결하거나 중간 역할을 한다.

    내가 호민관직이라 부르게 될 이 기관은 법과 입법권을 관리한다. 호민관직은 로마의 호민관이 그랬듯이 때로는 정부에 대항하여 주권자를 보호하며, 때로는 오늘날 베네치아에서 10인회가 하는 것처럼 국민에 대항하여 정부를 지지하기도 한다. 그리고 때로는 스파르타의 에포르(Ephor : 최고 행정관. 스파르타 민회에서 선출되었다)처럼 양쪽 사이의 균형을 유지하기도 한다.

    호민관직은 국가의 구성 요소가 아니므로 입법권, 행정권을 가져서는 안 된다. 하지만 바로 이러한 사실로부터 호민관직의 힘은 더욱 강력해진다. 아무 것도 할 수 없지만, 다른 모든 것을 제지할 수 있기 때문이다. 법의 수호자로서 법을 집행하는 군주

216

나 법을 제정하는 주권자보다 더 신성시되며 존경을 받는다. 이러한 사실은 로마에서 아주 명확하게 찾아볼 수 있었다. 항상 시민들을 경멸했던 거만한 귀족들도 점을 칠 권리도, 사법권도 없는 이들 앞에서는 고개를 숙여야 했기 때문이었다.

현명하게 견제된 호민관직은 훌륭한 국가가 가질 수 있는 가장 튼튼한 버팀목이다. 그러나 그 힘이 아주 조금만이라도 과도해지면 국가 전체를 전복시키게 된다. 반면에 호민관직은 본래 약하지 않다. 어떤 일이 주어졌을 때, 해내야만 하는 일이라면 미흡하지 않게 처리했다.

행정권을 견제해야만 하지만 오히려 빼앗으려 하거나, 법을 보호해야만 하지만 직접 제정하려 한다면 호민관직은 독재로 타락하게 된다. 스파르타가 도덕성을 유지하는 동안에는 에포르의 막강한 권력이 아무런 해도 끼치지 않았지만, 일단 도덕성이 타락하기 시작하자 급격하게 부패되었다. 이러한 폭군들에 의해 처형당한 아기스(Agis : BC 3세기경 토지분할 등을 통한 개혁을 실시하려다 실패했다)의 피는 그의 후계자로부터 복수를 당했다. 에포르의 범죄와 처벌이 공화국의 멸망을 재촉했으며 클레오메네스(Cleomenes) 이후의 스파르타는 더 이상 아무런 가치도 없는 국가가 되었다.

로마도 같은 방식으로 멸망했다. 조금씩 권력을 빼앗아가면서 과도해진 호민관의 권력은 결국 자유를 보호하기 위해 만들어진 법의 도움을 받아 자유를 파괴했던 황제들을 보호하는 역할을 했다. 베네치아의 10인회의 경우, 귀족이나 평민 모두에게 공포의 대상인 피의 법정이 되어 법을 수호하기는커녕 아무런 일도 하지 않았으며, 그렇게 서서히 타락하게 된 그들은 어둠 속에서 아무도 모르게 악행을 저지르는 역할을 했다.

정부와 마찬가지로 호민관직도 구성원들이 늘어나면서 점점 더 약해진다. 처음에는 두 명이었다가 다섯 명이 된 로마의 호민관이 그 수를 배로 늘리려고 했을 때, 원로원은 그들이 서로를 견제하게 될 것이라 확신하며 그렇게 하도록 내버려두었으며, 실제로 그렇게 되었다.

이처럼 감당하기 힘든 기관에 의해 자행되는 권리 침해를 방지할 가장 최선의 방법은 ― 비록 이 방법을 적용한 정부는 아직 없지만 ― 이 조직을 지속적인 것이 아니라 그 기능을 정지시키는 일정 기간을 규정해놓는 것이다. 여러 가지 폐단이 자리 잡지 못할 정도의 기간을 설정해야만 하며 필요에 따라 특별위원회에 의해 쉽게 단축시킬 수 있도록 법으로 정해 놓으면 될 것이다.

나로서는 이러한 방법이 아무런 불편함이 없을 것으로 보인다. 앞에서 말한 것처럼 호민관직은 정부의 구성 요소가 아니므로 정부의 구조에 아무런 영향을 미치지 않고도 폐지시킬 수 있기 때문이다. 또한 새로 임명된 호민관직은 전임자가 행사했던 권력을 이어받는 것이 아니고, 법에 의해 주어진 권력을 행사할 것이기 때문에 효과를 발휘할 것으로 보인다.

제6장

독재관 THE DICTATORSHIP

상황에 맞춰 적용되는 것을 방지하는 법의 불가변성은 어떤 경우에는 법을 해로운 것이 되게 하고 위기에 빠져 있는 국가를 멸망시키기도 할 것이다. 시간을 필요로 하게 되는 일정한 절차와 형식에 따른 더딘 진행이 때로는 상황을 진전시키지 못하게 만든다. 입법자가 전혀 준비하지 못한 수많은 경우들이 발생할 수 있으므로 모든 것을 다 예측할 수 없다는 선견지명이 반드시 필요하다.

그러므로 정치제도를 너무 강력하게 만들려다 그 효력을 정지시키는 것이 불가능하도록 하는 것은 잘못이다. 스파르타도 자신들의 법을 무효화시킨 적이 있었다.

하지만 공공질서를 변화시킬 수 있는 것은 오직 가장 큰 위험이 닥쳤을 때뿐이며, 국가의 존속이 위험에 빠졌을 때 외에는 법의 신성한 힘을 억제시켜서는 안 된다. 이처럼 드물고 명확한 경우에는 특별한 법령에 의해 공공의 안전에 가장 적합한 인물을 임명하여 그 임무를 맡겨야 한다. 이러한 임무는 위험의 성격에 따라 두 가지 방식으로 위임될 수 있다.

만약 정부의 활동을 증가시켜 충분히 대처할 수 있다면, 한두 명의 정부 구성원에게 권력을 집중시키면 된다. 이럴 경우 법의 권위가 변화되는 것이 아니며 오직 법을 집행하는 형식만 바뀌는 것이다. 이와는 달리 만약 법의 절차가 법의 보존에 방해가 되는 종류의 위기라면 최고 통치자를 지명하여 모든 법들을 정지시키고 일시적으로 주권 행사를 막아야 한다. 이러한 경우에 일반의지는 아무런 의심도 받지 않으며, 국가가 멸망해서는 안 된다는 것이 국민의 첫 번째 관심사라는 것은 명백하다. 그러므로 입법권의 정지가 입법권의 폐지를 의미하는 것은 아니다. 법을 침묵시키는 행정관도 법이 말하게 할 수는 없다. 즉, 법을 지배하지만 법을 대리할 수는 없는 것이다. 그는 법을 만드는 것 외에는 무엇이든 다 할 수 있다.

첫 번째 방법은 로마의 원로원이 신성한 형식에 따라 공화국의 안전을 위한 임무를 부여할 때 사용되었다. 두 번째 방법은 두 명의 집정관 중에서 한 사람을 독재관(dictator 딕타토르)(4-4)으로 임명할 때 사용되었다. 이것은 로마가 알바(Alba Longa : 고대 이탈리아 반도의 로마 가까운 곳에 있던 도시)의 풍습을 따른 것이었다.

공화국의 초기에는 빈번하게 독재관에게 의존했다. 국가가 그 조직의 힘만으로 스스로를 유지할 수 있을만큼 확고한 기반을 아직 갖추지 못했기 때문이었다. 당시 국가의 도덕성이 다른 시대였다면 필요했을 많은 예방조치들을 불필요하게 만들었으므로 독재관이 자신의 권위를 남용하거나 정해진 임기를 넘기려 할 것이라는 두려움이 전혀 없었다. 그와는 반대로 너무 집중된 권력이 그에게는 부담스러운 것으로 보였으므로 독재관은 마치 법을 대리하는 일이 너무나 고통스럽고 위험한 일이기라도 한 듯 서둘러 벗어나려고 했다.

그러므로 나로 하여금 공화국 초기에 이 최고 행정관의 권력이 무분별하게 사용되었다고 비난하도록 만들었던 것은 권력의 남용이 아닌 약화의 위험 때문이었던 것이다. 선거나 봉헌식 같은 순수하게 형식적인 기능들에 권력을 아낌없이 사용하면서 정작 필요한 시기에는 그 위력이 줄어들게 되고, 무의미한 의식들에만 사용되어 사람들이 이 직위를 무의미한 것으로 생각하는데 익숙해질 것이라는 위험이 있기 때문이었다.

공화국이 말기를 향해 가면서 로마인들은 점점 더 신중해졌으며, 과거에 아낌없이 사용하도록 했을 때와 마찬가지로 별다른 이유 없이 독재의 활용을 제한했다. 로마인들의 두려움에는 아무런 근거가 없었다는 것은 쉽게 알 수 있다. 즉, 수도의 약점이 오히려 그 안에 있던 행정관들로부터 안전을 확보해주었던 것이다. 어떤 경우에는 독재관이 공공의 자유를 지켜주지만 결코 위험에 빠뜨릴 수는 없었다. 그리고 로마를 속박하는 쇠사슬은 로마 자체에서 만들어진 것이 아니라 로마의 군대 안에서 만들어질 것이라는 사실 등은 분명했다. 마리우스(Marius)가 술라(Sulla)에게 그리고 폼페이우스(Pompeius)가 카이사르(Caesar BC 100~44 : 로마 공화국 말기 폼페이우스에게서 승리하여 1인 독재 시대를 열었다)에게 시도했던 무기력한 저항은 외부의 힘에 대항하는 내부의 권위로부터 무엇을 기대할 수 있을 것인지를 명확하게 보여준다.

이러한 잘못된 생각이 로마인들에게 커다란 잘못을 저지르게 했다. 예를 들면 카틸리나(Cartilina BC 108? ~ 62 : 공화정 말기의 귀족. 키케로가 집정관이었을 때 빈민과 술라의 퇴역군인들의 지지를 받아 반란을 꾀했으나 실패했다)의 반란이 있었을 때 독재관을 임명하지 않았던 것과 같은 일이었다. 그 사건은 도시 자체의 문제일 뿐이었으며, 기껏해야 이탈리아의 작은 지방도시(에트루리아)와 관련된 것이었으므로, 독재관에게 부여되는 무제한의 권위로 그 정도의 음모는 쉽게 막아낼 수 있었을 것이기 때문이다. 사실 그 음모는 인간적인 신중함으로는 전혀 예측할 수 없는 운 좋은 우연들의 결합만으로 진압되었던 것이다.

원로원은 자신들의 전권을 집정관들에게 위임하는 것으로 만족했으므로 키케로는 효율적인 행동을 취하기 위해 가장 중요한 지점에서 월권행위를 강행했던 것이다. 그리하여 처음에는 시민들이 환호하며 키케로의 행위를 받아들였지만, 그 다음에는 법을 위반하여 발생한 시민들의 피에 대한 책임을 물어 소환했다. 그러한 비난은 독재관에게 퍼부을 수 없는 것이었다. 하지만 집정관의 웅변이 우세했다. 로마인이었던 키케로는 자신의 조국보다 자신의 영광을 더 사랑했으며, 국가를 구할 수 있는 가장 안전하고 합법적인 방법보다 스스로 그러한 일을 해내는 모든 영광을 차지하려고 했던 것이다.(4-5)

그러므로 그는 로마의 해방자로서 정당한 명예를 누렸으며,(키케로는 카틸리나 사건을 진압한 후 로마 시민들로부터 '국부'라고 불렸다. 그 후 그는 자신의 공로를 기회가 있을 때마다 자랑했다) 또한 법을 위반한 사람으로서 당연한 벌을 받았던 것이다. 그를 다시 불러들인 것은 훌륭한 일이었지만, 그것은 분명 면죄부를 주는 행위였을 뿐이다.

이렇게 중요한 위임이 어떤 식으로 이루어지든 그 기간을 아주 짧게 정해주고, 절대로 연장할 수 없도록 하는 것이 중요하다. 독재관을 임명하도록 이끄는 국가의 위기 속에서 국가는 곧 붕괴되거나 곧 구해질 수도 있다. 그리고 위급한 상황이 지나가게 되면 독재관은 폭군이 되거나 쓸모없는 존재가 된다. 로마에서 독재관의 임기는 단지 6개월밖에 되지 않았으며, 그들은 대부분 임기를 끝마치기도 전에 물러났다. 그들의 임기가 더 길었다면, 로마의 10인 위원회가 임기를 1년으로 하고 싶었던 것처럼 더 길게 연장하려고 시도했을지도 모른다. 독재관에게는 자신을 임명하도록 만든 상황에 대처할 수 있는 시간만이 주어졌으며, 다른 계획을 생각할 여유는 전혀 없었다.

제7장

감찰관 THE CENSORSHIP

　법이 일반의지의 공표이듯이 감찰관은 공적인 판단을 공표하는 것이다. 여론은 법의 형식을 띠고 있으며, 이것은 감찰관이 관리한다. 감찰관은 군주와 마찬가지로 이 법을 특수한 경우들에만 적용한다.

　감찰관의 심판은 여론을 중재하는 것이 아니라 단지 그것을 공표하는 것이다. 이러한 의무로부터 벗어나는 즉시 그의 결정은 아무런 효력을 발휘하지 못한다.

　한 나라의 도덕성을 그들이 존경하는 대상과 분리하는 것은 쓸모없는 일이다. 둘 다 동일한 원칙을 근거로 존재하며, 필연적으로 구별할 수 없기 때문이다. 이 세상의 모든 사람들은 자신들이 좋아하는 것을 자연이 아닌 의견에 따라 결정한다. 사람들의 의견을 올바르게 만든다면 그들의 도덕성은 저절로 깨끗해질 것이다. 사람들은 언제나 선한 것이거나 선하다고 생각하는 것을 좋아한다. 선한 것을 판단할 때 그들은 잘못을 저지른다. 그러므로 이러한 판단은 통제를 해야만 하는 것이다. 도덕성에 대해 판단하는 사람은 명예를 판단하는 것이다. 그리고 명예를 판단하는 사람은 의견에서 자신의 법을 찾아낸다.

국민의 의견은 그들의 조직으로부터 만들어지는 것이다. 비록 법이 도덕성을 규정하지는 않지만 도덕성을 탄생시키는 것은 법률제정이다. 법률제정이 점점 약화되면 도덕성은 타락하게 된다. 그럴 경우 감찰관의 심판은 법의 효력이 발휘하지 못하는 것을 이루지 못하게 된다.

따라서 감찰은 도덕성을 유지시키는 데는 유용하지만, 타락한 도덕성을 회복시킬 수는 없다. 그러므로 법들이 효력을 발휘하는 동안 감찰관을 두어야 한다. 법적 효력이 활력을 잃게 되면 모든 희망이 사라진다. 법이 정당성을 잃게 되면 합법적인 권력은 그 힘을 유지할 수 없다.

감찰은 국민의 의견이 타락해가는 것을 방지하고, 현명한 법 적용을 통해 공정성을 보존하며 때로는 의견이 줄곧 불분명할 때는 바로잡는 것으로 도덕성을 유지한다. 프랑스 왕국에서 극단적으로 벌어지던 결투에 입회인을 세웠던 제도는 '입회인을 세우는 비굴한 사람들에 대해서'라는 왕의 칙령 속에 담긴 몇 개의 단어에 의해 폐지되었다. 이러한 판단은 국민의 판단을 미리 예상하고 순식간에 결정된 것이었다. 그러나 동일한 칙령으로 결투행위 자체도 비열한 행위라고 선언하려 했을 때, 일반적인 의견은 그렇게 생각하지 않는다는 것이었기 때문에 국민들은 이미 마음을 정해놓고 있던 그 문제에 대한 결정은 무시했다.

　나는 다른 글(4-6)에서 여론은 그 어떤 압박에도 복종하지 않으므로, 여론을 대변하기 위해 설립된 법원에서는 억압의 흔적도 있어서는 안된다고 했다.

　지금은 완전히 사라져버린 이러한 수단을 로마인들 사이에 적용하고, 스파르타인들 사이에서는 더욱 훌륭하게 실행했던 그 솜씨에 대해서는 칭찬을 하지 않을 수 없다.

　스파르타의 평의회에서는 부도덕한 사람이 훌륭한 제안을 하면 에포르는 그것을 무시하고 덕망이 높은 시민에게 똑같은 제안을 하도록 유도했다. 어느 누구도 칭찬하거나 비난하지 않으면서 한 사람에게는 명예를, 다른 한 사람에게는 망신을 주었던 것이다! 사모스(그리스 동부 에게해의 섬)의 술꾼들이 에포르의 법정을 더럽히자, 다음날 사모스 사람들에게 추악해질 것을 허락한다는 공고가 발표되었다. 그러한 처벌 면제는 실질적인 처벌보다 더 가혹한 것이었다. 스파르타는 옳거나 옳지 않은 일에 대해 판결을 내렸지만, 그리스는 판결에 대해 상소하지 않았다.

제8장

시민 종교 CIVIL RELIGION

처음에는 인간들에게 신(神) 외에는 왕이 없었으며, 신정정치 외의 다른 정치체제는 없었다. 그들은 칼리굴라처럼 생각했으며, 당시에는 그것이 올바른 생각이었다. 인간들이 자신들과 똑같은 인간을 지배자로 받아들이기로 결심하고, 그렇게 하는 것으로 이익을 얻을 것이라고 생각을 바꾸기까지 오랜 시간이 걸렸다.

신을 모든 정치사회의 수장으로 삼았다는 단순한 사실로부터 사람들만큼이나 많은 신들이 나타났다. 서로가 서로에게 이방인이며, 거의 언제나 적이었던 두 민족이 동일한 지배자를 오랫동안 인정할 수는 없을 것이며, 전쟁 중인 두 군대가 동일한 지휘관에게 복종할 수는 없을 것이다. 그러므로 국가의 분리는 다신교로 이어졌으며, 이것이 결국 종교적, 시민적 불관용을 생기도록 했다. 지금부터 살펴보겠지만 이 두 가지 불관용은 본질적으로 동일한 것이다.

자신들만의 신을 야만인들 사이에서 찾을 수 있을 것이라는 그리스인들의 믿음은 자신들이 본래 그 민족들의 지배자라는 생각에서 생긴 것이었다. 하지만 오늘날 서로 다양한 민족의 신들을 동일시하는 것에 의존하는 학문처럼 우스꽝스러운 것은 없을 것이다. 마치 몰로크(셈족의 신)와 사투르누스(로마의 신) 그리고 크로노스(그리스의 신)가 같은 신이라는 것과 같다! 페니카아의 바알, 그리스의 제우스, 로마의 유피테르(영어식 표기는 주피터. 로마의 최고 신이며 그리스 신화의 제우스에 해당한다)를 같은 신이라니! 마치 서로 다른 이름을 가진 공상적인 존재들이 여전히 어떤 공통점이라도 있다는 것처럼 생각하다니!

만약 국가마다 저마다의 종교와 신들이 있던 다신교 시대에 어떻게 종교 전쟁이 없었던 것이냐고 묻는다면 나는 국가마다 독자적인 정부뿐만 아니라 고유의 종교가 있었다는 바로 그 이유 때문에 자신들의 신과 정치를 구분하지 않았던 것이라고 대답할 것이다. 정치적인 전쟁은 종교적인 전쟁이기도 하다. 말하자면 신들의 영역이 국가들의 경계선에 의해 고정되어 있었다. 어느 한 민족의 신은 다른 민족에게는 아무런 권리도 없었다. 이교도의 신들은 다른 종교를 용납하지 않는 신들이 아니었다. 그들은 지상의 제국을 자기들끼리 나누어 가졌다. 심지어 모세와 유대인들도 가끔은 이스라엘의 신에 대해 말할 때 그와 같은 견해를 받아들였다.

실제로 그들은 가나안(팔레스타인의 옛이름)의 신들을 대수롭지 않다고 여겼으며, 추방되어 멸망하게 될 그들의 영토를 자신들이 차지하게 될 것이라고 생각했다. 하지만 공격이 금지되어 있던 이웃 나라의 신들에 대해 어떻게 말했는지를 기억해야 한다.

입다는 암몬 사람들에게 이렇게 말했던 것이다.'너희들의 신 샤모스에게 속한 것을 너희들이 갖는 것은 정당한 권리가 아니던 가? 우리도 승리하신 우리의 신께서 정복한 땅에 대해 그와 똑같 은 자격을 갖고 있다.(4-7) 나로서는 이 말이 샤모스 신의 권리와 이스라엘 신의 권리를 동등하게 인정하고 있다는 것으로 보인다.

그러나 유대인들이 바빌론의 왕에게, 그리고 나중에 시리아의 왕의 지배를 받게 되었을 때, 그들은 자신들의 신 이외에는 어떠 한 신도 인정하기를 완강하게 거부했다. 그들의 거부는 정복자에 대한 반란으로 간주되었으며 그들의 역사에서 읽을 수 있는 박해 를 받아야 했다. 이러한 박해는 기독교가 등장하기 이전까지는 유례가 없는 것이었다.(4-8)

그러므로 모든 종교는 오직 국가에 의해 규정된 법에 부속되어 있으므로 노예로 만드는 것 외에는 어느 민족도 개종시킬 방법은 없으며 정복자 외에는 종교를 전도할 사람도 없다. 종교를 바꾸 어야 하는 의무는 정복당한 국가의 법이므로 개종을 말하기 전에 먼저 정복할 필요가 있었다. 인간이 신들을 위해 싸운 것이 아니 라, 호메로스(Homeros : 인류 최초의 서사시인. 그의 작품《일리아스》에는 그리스의 신과 영웅들의 이야기가 펼쳐진다)의 작품에서 알 수 있듯이,

오히려 신들이 인간을 위해 싸웠다. 사람들은 각자 자신의 신에게 승리를 요청했으며 새로운 제단을 세우는 것으로 승리에 보답했다. 로마인들은 어떤 도시를 점령하기 전에 그 도시의 신들을 소환하여 포기하도록 했다. 그들이 타렌툼 사람들을 자신들의 성난 신들에게 맡겼던 것은, 그들이 로마의 신들에 복종하게 되었으며, 충성을 맹세할 수밖에 없다고 생각했기 때문이었다. 그들은 정복당한 곳에 자신들의 법을 남기듯 자신들의 신을 남겼다. 그들이 요구한 공물은 종종 유피테르의 신전에 바치는 화환이었다.

결국 로마인은 자신들의 제국과 함께 종교와 신들도 널리 퍼뜨렸다. 정복된 지역의 신들을 종종 받아들여 양쪽의 신을 모두 시민의 권리로 인정했다. 이 방대한 제국의 시민들은 서서히 모든 곳에서 거의 똑같은 수많은 신들과 종교를 갖게 되었다. 이렇게 해서 다신교가 하나의 종교로서 세상에 널리 알려지게 되었다.

이러한 환경 속에서 예수가 이 땅 위에 영적인 왕국을 세우기 위해 나타났던 것이다. 그의 왕국은 종교적 체제와 정치적 체제를 분리하는 것으로 국가가 더 이상 하나가 될 수 없도록 했다. 그로 인해 기독교를 믿는 국민들을 끊임없이 괴롭히게 되는 내부적인 분열을 가져왔다. 다른 세상의 왕국이라는 새로운 개념을 결코 받아들일 수가 없었던 이교도들은 언제나 기독교인들을 확실한 반역자라고 간주했다. 복종하는 척하면서 독립하여 지배자가 될 기회만을 기다리는 것이며, 세력이 약할 때는 존중하는 척하지만 간계를 꾸며 권위를 찬탈할 것이라고 생각했던 것이다. 이것이 바로 박해의 원인이었던 것이다.

결국 이교도들이 두려워했던 일이 일어났다. 그러자 모든 것들이 변했다. 겸손했던 기독교인들의 언행이 바뀌었으며, 곧이어 이른바 다른 세상의 왕국은 눈에 보이는 지도자 밑에서 가장 난폭한 독재 체제로 변했던 것이다.

그러나 군주와 시민법은 언제나 있었으므로 이런 이중의 권력으로부터 관할구역의 갈등이 끊임없이 발생해 기독교 국가들 내에서는 훌륭한 정치를 불가능하게 만들었다. 사람들은 지배자와 성직자 중 누구에게 복종해야 할 것인지를 전혀 알 수 없었다.

그러나 유럽과 인접한 몇몇 국가들은 옛 체제를 보존하거나 복원하려 했지만 성공을 거두지 못했지만 기독교 정신은 모든 곳으로 퍼져나갔다. 이 성스러운 종교는 언제나 통치자로부터 독립되어 있거나 다시 독립했으며, 이 종교와 국가 조직사이에는 필요한 연결고리가 전혀 없었다. 마호메트는 건전한 견해를 갖고 있었으며, 자신의 정치체제와 잘 결합시켰다. 그의 정부 형태는 그의 뒤를 이은 칼리프들에 의해 유지되는 동안 실질적인 하나의 정부였으며 매우 훌륭했다. 그러나 아랍인들은 번영하고 학문을 발전시키고, 문명화되면서 점점 무기력해지고 비겁해져 야만인들에게 정복되고 말았다. 두 권력 사이의 분열이 다시 시작되었다. 비록 기독교인들만큼 두드러진 것은 아니었지만 어쨌든 분열은 있었으며 특히 알리족(시아파)은 아주 심했다. 페르시아 같은 나라에서는 지속적으로 분열이 확인되고 있다.

우리들 중에서 영국의 왕들은 스스로 교회의 수장이 되었으며 차르(러시아의 황제)도 마찬가지였다. 하지만 이러한 칭호를 갖는 것으로 그들 스스로가 그곳의 주인이기보다 오히려 성직자가 된 것이었다. 그들은 교회를 변화시킬 권리를 가진 것이 아니라 교회를 유지할 권리를 얻은 것이다. 즉, 그들은 입법자가 아닌 군주일 뿐이었던 것이다. 성직자가 집단을 이루는 모든 곳(4-9)에서는 그들이 그 나라의 주인이며, 입법자인 것이다. 그러므로 영국과 러시아에서는 다른 곳들과 마찬가지로, 두 권력과 두 지배자가 있는 셈이었다.

모든 기독교 학자들 중에서 철학자인 홉스만이 이와 같은 폐단과 그 해결책을 파악하고 있었다. 그는 두 독수리의 머리를 다시 결합할 것을 과감하게 제안하면서 정치적 결합을 통한 복원 없이는 국가나 정부는 절대로 올바르게 구성되지 않을 것이라고 했다. 하지만 그는 기독교의 오만한 정신은 그가 제안하는 체제와 양립할 수 없으며 성직자들의 이해관계는 언제나 국가의 그것보다 더 강하다는 사실은 파악하지 못했다. 그의 정치 이론을 싫어하게 만들었던 것은 오류와 터무니없는 부분보다 오히려 정당하고 진실한 부분이었다.(4-10)

이러한 관점에서 역사적 사실들을 검토해보면 베일(Bayle : 프랑스의 초기 계몽주의 사상가)과 워버튼(Warburton)의 상반된 의견들을 쉽게 반박할 수 있을 것이라고 믿는다. 베일은 어떠한 종교도 정치체제에는 무용한 것이라고 주장하지만 워버튼은 기독교는 가장 강력한 토대가 될 수 있다고 주장했다. 전자의 의견에 대해서는 종교적 기반 없이는 국가가 건설된 적이 없다는 것을 증명할 수 있고, 후자에 대해서는 기독교의 법이 실제로는 강력한 국가를 만드는 데 유익하기보다 해가 된다는 것을 증명할 수 있을 것이다. 나의 견해를 이해시키려면, 이 주제와 관련된 너무 애매모호한 종교에 관한 사상들을 좀 더 명확하게 밝히기만 해도 될 것이다.

사회와 관련해 고찰해보았을 때, 일반적이기도 하며 특별하기도 한 종교는 인간의 종교와 시민의 종교 두 가지로 나눌 수 있을 것이다. 인간의 종교에는 사원도, 제단도, 의례도 없으며 절대적인 신에 대한 순수하게 내면적인 숭배와 도덕의 영원한 의무로 한정된다. 이것은 순수하고 소박한 복음의 종교이며, 본래의 신성한 권리 혹은 계율이라 부를 수 있는 진정한 유신론이다.

어느 한 국가 내에서 성문화된 시민의 종교는 고유한 신들과 수호신을 국가에 제공한다. 또한 고유의 교리와 의례 그리고 법으로 규정된 외부적인 예배의식을 갖고 있다. 이 종교를 따르는 어느 한 국가의 바깥에서는 모든 세상 사람들이 무신론자이며 이방인이고 야만인이다. 즉, 인간의 의무와 권리는 오직 자신들의 제단에서만 베풀어진다. 이러한 종류가 모두 원시시대의 민족 종교였다. 우리는 이것을 시민적이거나 실제적인 신성한 권리 또는 율법이라고 규정할 수 있을 것이다.

조금은 별난 종류의 제3의 종교도 있다. 이 종교는 인간에게 두 개의 법전과 두 명의 통치자와 두 나라를 제공하고 모순되는 두 가지 의무에 복종시키며 종교인과 시민으로서 충실하게 사는 것을 불가능하게 만든다. 라마교와 일본의 종교가 그러하며 성직자들의 종교라 부를 수 있는 로마 기독교가 그러하다. 이러한 종교로부터 이름을 붙일 수 없는 혼합되고 비사회적인 종류의 권리가 발생한다.

정치적으로 고찰해보면 이 세 종류의 종교는 모두 고유한 결점들이 있다. 세 번째 종교는 너무 명확하게 잘못된 것이므로, 그것을 증명하려는 것은 시간 낭비일 뿐이다. 사회적 통합을 파괴하는 것은 아무런 가치도 없다. 인간을 스스로 모순되게 만드는 모든 제도는 아무 가치도 없는 것이다.

두 번째 종교는 신성한 종교와 법에 대한 사랑을 연결시킨다는 점에서 훌륭하다. 국가를 시민들이 사랑해야 될 대상으로 만들고, 국가에 봉사하는 것이 바로 국가의 수호신에게 봉사하는 일이라는 것을 가르친다. 이것은 신정의 형태로 군주 외에는 대주교가 없으며 행정관들 외에는 다른 성직자들이 없다. 그러므로 국가를 위해 목숨을 바치는 것은 곧 순교자가 되는 일이다. 법을 위반하는 것은 신성 모독이 되고, 죄인을 공개적으로 처형하는 것은 신의 노여움으로 신의 분노를 내리는 것이 된다. 즉, 신에게 바치는 제물인 것이다.

반면에 이 종교는 오류와 거짓을 기반으로 하며, 인간들을 속이며, 아주 쉽게 속아 미신에 빠져들게 만들며 진실한 신앙심을 무의미한 의례 속으로 빠트린다는 점에서 나쁘다. 게다가 배타적이고 포학하여 시민들을 잔인하고 편협하게 만들어 국민들이 살인과 살육만을 일삼도록 만들고, 자신들의 신을 받아들이지 않는 사람들을 죽이고서 신성한 행위를 한 것으로 믿도록 만든다는 점에서 또한 나쁘다. 결국 이들은 다른 민족과 자연스럽게 전쟁 상태에 놓이게 되는 것이다. 그 결과 그러한 국민은 다른 모든 국민들과 자연스럽게 전쟁상태에 놓이게 되어 자신들의 안전은 심각한 위험에 빠지게 된다.

그러므로 이제 인간의 종교 또는 기독교만 남게 된다. 여기에서의 기독교는 오늘날의 기독교가 아니라 완전히 다른 복음의 기독교다. 이 성스럽고, 숭고하며, 참된 종교로 인해 모든 인간은 유일한 신의 자식들로서 서로를 형제로 생각하며 그들이 결합시키는 사회는 죽음이 닥쳐와도 무너지지 않는다.

그러나 정치체와 특별한 관계를 맺지 않는 이 종교는 법 자체가 갖고 있는 힘에 아무런 것도 덧붙이지 않은 채 내버려둔다. 그러므로 사회를 결합하는 커다란 유대들 중의 한 가지인 법이 아무런 효력도 발휘하지 못하게 된다. 게다가 시민들의 마음을 국가와 결합시키기는커녕, 세속적인 모든 것들로부터 그들을 격리하는 결과를 가져온다. 나는 이보다 더 사회적 정신에 위배되는 것은 알지 못한다.

진실한 기독교인들로 구성된 시민은 상상할 수 있는 가장 완벽한 사회를 이룰 것이라는 말을 듣곤 한다. 나는 이러한 가설에서 오직 한 가지의 중대한 문제점을 발견한다. 즉, 진실한 기독교인들의 사회는 인간의 사회가 될 수 없다는 것이다.

덧붙여 말한다면, 모든 것이 완벽한 이러한 사회는 결코 가장 견고하지도 않고 영원히 지속될 수 있는 것도 아니라는 것이다. 완벽하다는 바로 그 사실이 결합을 위한 유대감을 빼앗아간다. 사회를 파괴하게 될 이 결함은 완벽함 그 자체에 있는 것이다.

모든 사람이 자신의 의무를 수행하고, 시민은 법을 지키고, 통치자는 공정하고 자비로우며, 관리들은 강직하고 부패하지 않으며, 군인은 죽음을 두려워하지 않는다. 허영이나 사치도 없다. 이 모든 것이 더 이상 좋을 수 없다. 하지만 이것에 대해 좀 더 알아 보자.

기독교는 완전히 영적인 종교로서 오로지 천국에 대해서만 관심을 갖는다. 기독교인의 나라는 이 세상의 나라가 아니다. 실제로 그들은 자신들의 행동이 좋은 결과를 낳을지, 나쁜 결과를 낳을지에 대해서는 아무런 관심도 없이 자신의 의무를 다한다. 자신이 회개할 일만 없다면, 이 세상에 일어나는 일이 잘 되든 잘 되지 않든 아무런 관심도 없는 것이다. 만약 나라가 번영해도 그들은 이 공공의 행복을 누리려 하지 않는다. 오히려 나라의 영광으로 인해 자신들이 오만해지는 것을 두려워한다. 만약 나라가 쇠약해지면, 자신의 백성들을 고난에 들게 한 신의 손을 축복할 뿐이다.

국가가 이처럼 평화롭고, 조화롭게 유지되려면 모든 시민이 한 사람도 빠짐없이 훌륭한 기독교도가 되어야만 한다. 그러나 불행하게도 야심가나 위선자가 단 한 명이라도 있다면, 예를 들어 카틸리나나 크롬웰(Cromwell : 17세기 영국의 청교도 혁명을 승리로 이끌었으나, 공화정을 약화시켰다) 같은 사람은 신앙심 깊은 자신의 형제들로부터 더 많은 것을 빼앗으려 할 것이 틀림없다. 기독교의 자비는 이웃을 미워하는 것을 결코 허용하지 않는다. 따라서 야심가는 약간의 속임수만으로도 즉시 시민들을 끌어들일 수 있는 정치적 책략을 발견하고, 모든 사람이 그를 품위 있는 사람으로 인정하게 되는 공적인 권위를 갖게 되는 것이다. 그가 모든 사람의 존경을 받는 것은 완전히 신의 뜻이다. 이렇게 하여 권력이 탄생한다. 권력에 복종하는 것 역시 신의 뜻이다. 만약 그에 의해 권력이 남용되어도, 그것은 신이 자신의 자녀들에게 벌을 주기 위해 내리는 채찍일 뿐이다.

이러한 찬탈자를 끌어내리는 것에 양심의 가책을 느낄 수 있다. 사회의 안전이 무너질 것이며, 폭력을 사용해야만 하게 되며, 피를 흘려야 한다. 이런 모든 일들은 기독교의 온유함과는 맞지 않는 일이다. 결국 이 슬픔의 골짜기에 있는 동안에는 자유로운 인간이든, 노예이든 무엇이 중요하단 말인가? 궁극적인 것은 오직 천국에 가는 것이다. 그리고 감수하는 것이 그렇게 할 수 있는 유일한 또 하나의 수단인 것이다.

만약 다른 나라와 전쟁이 일어난다면 시민들은 기꺼이 전쟁터로 나간다. 도망치려고 생각하는 사람은 아무도 없다. 그들은 의무를 수행하면서도 반드시 이기겠다는 열망은 갖지 않는다. 이기는 방법보다 잘 죽는 방법을 더 잘 알고 있는 것이다. 이기고 지는 것이 무슨 문제란 말인가? 그들이 필요로 하는 것은 그들보다

신이 더 잘 알고 있을 텐데?

거만하고 충동적이며 성미 급한 적들이 그들의 금욕주의를 어떻게 이용할지 생각해보라! 명예와 조국에 대한 열렬한 사랑에 사로잡힌 고결한 시민들이 그들과 맞서고 있다고 생각해 보라. 당신의 기독교 공화국이 스파르타나 로마와 싸우고 있다고 상상해 보라. 경건한 기독교인들은 정신을 차리기도 전에 두들겨 맞고, 짓밟혀 멸망하게 될 것이다. 혹은 적이 그들에게 품고 있는 경멸 덕분에 무사할 수도 있을 것이다. 파비우스(Fabius : BC 3세기 로마의 정치가)의 병사들이 했던 맹세는 매우 훌륭했다고 생각한다. 그들은 죽을 것인가 아니면 정복할 것인가를 맹세하지 않고 반드시 승리하고 돌아오겠다고 맹세했으며, 그리고 그것을 지켰다. 기독교인들은 절대 그런 맹세를 하지 않을 것이다. 그들은 그런 맹세가 신을 시험하는 것이라고 믿을 것이다.

하지만 내가 기독교 공화국이라고 말하는 것은 잘못이다. 이 두 가지 용어는 서로를 용납하지 않는다. 기독교는 오로지 종속과 의존만을 설교한다. 이러한 기독교 정신은 전제정치에 너무 유리하므로 언제나 그러한 체제에 의해 이용당한다. 진실한 기독교인은 노예가 되도록 예정되어 있다. 그들은 이 사실을 알고 있지만 그다지 신경 쓰지 않는다. 그들의 눈에는 이 짧은 인생이 대수롭지 않은 것이다.

기독교의 군대는 훌륭할 것이라고들 한다. 나는 그렇지 않다고 생각한다. 내게 그렇다는 실례를 들어준다면 좋겠다. 나로서는 기독교의 군대에 대해 아는 것이 전혀 없다. 십자군을 예로 드는 사람이 있을 것이다. 그들의 용맹함에 대한 논의와는 상관 없이, 나는 그들이 기독교인이 아닌 사제들의 병사였으며, 교회의 시민이었다고 대답할 것이다. 그들은 영적인 나라를 위해 싸웠지만, 어찌된 영문인지 교회는 그 나라를 세속적인 나라로 만들어 버렸다. 제대로 이해한다면 이것은 우상숭배로 다시 돌아가는 것이다. 복음서에서는 민족 종교를 인정하지 않으므로 기독교인들에게 성전은 불가능한 일이다.

이교도 황제의 치하에서 기독교 병사들은 용감했다. 모든 기독교의 저술가들이 그렇게 주장하고 있으며 나도 그렇게 믿는다. 이교도 군대에 맞선 명예로운 경쟁이었다. 황제들이 기독교인이 되자마자 이런 경쟁은 더 이상 존재하지 않게 되었으며 십자가가 독수리를 쫓아내 버렸을 때 로마인의 용기도 완전히 사라져 버렸다.

그러나 정치적인 고찰들은 제쳐두고, 이제 다시 권리로 돌아가 이 중요한 문제에 대한 우리의 원칙들을 정하기로 하자. 사회계약에 의해 주권자에게 주어진 신민들에 대한 권리는, 이미 살펴보았듯이, 공적인 유용성의 한계를 넘지 않는다.(4-11)

그래서 신민들은 자신들의 의견이 공동체에 중요한 문제가 되는 경우에만 주권자에게 설명할 의무가 있다. 각각의 시민들이 종교를 갖는 것은 공동체에 대단히 중요하다. 종교를 갖는 것으로 자신의 의무를 사랑하도록 만들 수 있다. 하지만 그 종교의 교리는 오직 도덕과 관련되는 범위에서만 그리고 그 교리를 고백하는 자가 타인들에게 행해야만 하는 의무와 관련되는 범위에서만 국가 및 그 구성원들의 흥미를 끌게 된다. 게다가 각 개인은 자신이 좋아하는 의견을 가질 수 있으며, 주권자에게 그것을 알릴 필요가 없다. 주권자는 내세에 대해서는 아무런 권위도 없기 때문에 신민들이 앞으로 맞이하게 될 삶에서 어떤 운명을 맞게 되든지 상관없이 그들이 이 세상에서 선량한 시민이기만 하면 되므로 그가 관여할 문제가 아닌 것이다.

그러므로 순수하게 시민적인 신앙고백이 있으며 그 조항들을 결정하는 것은 주권자의 의무이다. 그것은 종교적인 교리와 같은 것이 아닌 사회성에 대한 의식으로 이것이 없다면 선량한 시민이 될 수도 없고, 충직한 신하도 될 수 없다.(4-12)

이것을 강제적으로 믿게 할 수는 없지만 믿지 않는 사람은 누구라도 국가에서 추방할 수 있다. 믿지 않기 때문이 아니라, 반사회적인 존재이기 때문에 추방할 수 있는 것이다. 법과 정의를 진심으로 따르지 않고, 필요할 때 의무를 다하기 위해 생명을 바칠 수도 없기 때문이다. 만약 누군가가 이러한 신조를 공개적으로는 인정했지만, 마치 실제로는 믿지 않은 것처럼 행동한다면 죽음으로 처벌되어야 한다. 법 앞에서 거짓말을 했다는 가장 최악의 죄를 범했기 때문이다.

시민 종교의 교리는 내용이 많지 않고, 정확히 표현되어 설명이나 해석할 필요 없이 단순해야 한다. 강력하고 지혜로우며 은혜롭고, 앞날을 예견하고, 다가올 삶을 대비하는 신의 존재, 미래의 삶, 의인의 행복, 악인에 대한 처벌, 사회계약과 법의 신성함. 이러한 것들이 긍정적인 교리이다.

나는 부정적인 교리를 불관용 한 가지로 한정한다. 이것은 우리가 거부했던 종교들의 일부분이다.

종교적 불관용과 시민적 불관용을 구별하는 것은 잘못이라고 생각한다. 이 두 가지는 서로 분리될 수 없는 속성을 갖고 있다. 저주받은 사람으로 취급되는 사람들과 평화롭게 사는 것은 불가능하다. 그들을 사랑하는 것은 그들에게 벌을 내린 신을 증오하는 것이 될 것이다. 우리는 적극적으로 그들을 교화시키거나 고통을 주어야만 한다. 종교적 불관용을 인정하는 모든 곳에서는 그것이 불가피하게 시민들에게 영향력이 미치게 된다.(4-13)

그런 영향력이 미치게 되면, 주권자는 심지어 세속의 영역에서조차 주권자가 아니게 된다. 그 이후로는 성직자가 실질적인 지배자가 되고 왕들은 그들의 앞잡이가 될 뿐이다.

　이제 배타적인 국가 종교는 존재하지도 않으며, 더 이상 존재할 수도 없다. 어떤 종교의 교리가 시민의 의무와 전혀 배치되지 않는 한, 다른 종교에 대해 관용을 베푸는 모든 종교를 용인해야만 한다. 그러나 '교회 밖에서는 구원이 없다'고 감히 말하는 사람은 누구라도 국가로부터 추방되어야 한다. 국가는 교회가 아니며, 군주가 교황이 아니기 때문이다. 이러한 교리는 신정정치에서만 유용할 뿐이며, 다른 모든 체제에서는 파멸을 가져온다. 사람들이 앙리 4세(Henry Ⅳ : 1589년 낭트 칙령으로 가톨릭을 국교로 선언하면서도 개신교도인 위그노에게 가톨릭교도와 동등한 정치적 권리를 갖도록 했다. 결국 종교 전쟁인, 위그노 전쟁을 종결시켰다)가 로마의 가톨릭교를 채택한 이유로 내세우는 것은 모든 성실한 사람들에게, 특히 생각할 줄 아는 군주들로 하여금 그 종교를 떠나게 하기에 충분한 것이었다.

제9장
결론 CONCLUSION

    지금까지 나는 정치적 권리의 진정한 원리를 정립하고 그것을 기반으로 국가를 세우려 했다. 다음으로 나는 대외관계를 통해 국가를 강화해야 할 것이다. 대외관계는 국제법, 상업, 전쟁과 정복에 관한 권리, 공법, 동맹, 협상, 조약 등을 포함한다. 그러나 이 모든 것은 내 좁은 시야로 들여다보기에는 너무나 광범위한 새로운 주제이다. 나는 언제나 이 주제를 더욱 가까이에 두어야만 할 것이다.

❖ 저자 주 ❖

제4부

4-1 이것은 당연히 자유국가에 적용되는 것으로 이해되어야만 한다. 가족
이거나 재산, 부족한 도피처, 궁핍, 폭력 등에 의해 어떤 거주자를 자
신의 뜻과 상관없이 그 나라에 붙잡아둘 수 있기 때문이다. 그 국가에
거주하고 있다는 사실만으로 자발적으로 계약에 동의하거나 위반했
다고 가정할 수는 없다.

4-2 제네바에서는 '자유'라는 단어를 감옥의 입구와 죄수의 쇠사슬에서 읽
을 수 있다. 이러한 제도는 훌륭하고 정당하다. 실제로 모든 곳에서
시민의 자유를 방해하는 것은 악인들뿐이다. 그들을 모두 갤리선으로
보내버리는 나라에서는 가장 완벽한 자유를 누릴 수 있을 것이다.

4-3 내가 이렇게 말한 것은, 백인대 민회가 소집되는 곳이 바로 마르스 광
장이었기 때문이다. 다른 두 가지 형태(쿠리아, 부족)의 민회는 포룸
(forum 광장)이나 그 밖의 다른 곳에서 집회를 열었다. 그리고 이때
하층 계급은 주요한 시민들이나 다름없는 영향력과 권위가 있었다.

4-4 독재관의 임명은 한 사람의 인간을 법 위에 올려놓는 것이 부끄러운
일이라는 듯 한밤중에 비밀스럽게 이루어졌다.

4-5 그(키케로)는 독재관을 제안하면서 확신할 수 없었다. 자신을 독재관으로 감히 임명할 수도 없었고, 동료들이 자신을 임명할 것이라고 확신할 수 없었기 때문이었다.

4-6 이 장에서 나는 《달랑베르에게 보내는 연극에 관한 편지》에서 길게 다루었던 주제를 아주 약간만 언급할 것이다.

4-7 카리에스 신부는 라틴어 역 성서의 본문을 '너희들은 너희들의 신에게 속한 것을 소유할 권리가 있다고 생각하지 않느냐?'라고 해석했다. 나는 히브리(헤브라이)의 원전이 어떤 영향력을 가지고 있는지 모른다. 그러나 라틴어 역 성서에서는 입다가 샤모스 신의 권리를 분명하게 인정하고 있다. 그것을 프랑스어 번역자는 라틴어가 아닌 '너희들에 의해서'라는 문구를 삽입하여 그들의 승인을 약화시킨 것이다.

4-8 '성전'이라고 불리는 포카이아인들의 전쟁이 종교전쟁이 아니었다는 것은 명백하다. 이 전쟁의 목적은 자신들의 신을 믿지 않는 사람들을 정복한 것이 아니라 신성 모독 행위를 벌하는 것이었다.

4-9 성직자들이 하나의 단체로 결합되어 있는 것은 의회와 같은 성격이 아닌 교단과 같은 것이라는 사실에 주목해야만 한다. 성찬식과 파문은 성직자들의 사회 계약이다. 즉 그들이 국민과 왕들을 지배할 수 있도록 해주는 계약이다. 함께 영성체를 하는 사제들은 비록 그들이 지구 반대편에서 왔다 해도 모두 동료이다. 이러한 발명은 정치적인 걸작품이다. 이교도의 사제들 사이에 존재하지 않으며, 그들은 사제들

의 조직을 만든 적이 없다.

4-10 예를 들어 1643년 4월 11일 그로티우스가 동생에게 보낸 편지에 의하면, 학식 있는 그로티우스가 홉스의 《시민론》에서 무엇을 칭찬하고 비난했는지를 알 수 있다. 그가 관대하게 저자의 단점을 장점으로 가려주려고 한 것은 사실이다. 그러나 모든 사람이 다 그렇게 관대한 것은 아니다.

4-11 다르장송 후작은 '공화국에서 각자는 다른 사람들에게 해를 끼치지 않는 한 완전히 자유롭다'라고 말했다. 이것이 불변의 한계이다. 이보다 더 정확하게 규정할 수는 없다. 나는 이 말을 종종 인용하고 싶어 견딜 수가 없다. 대중들에게 자세히 알려지지는 않았지만, 훌륭하고 저명한 인물을 기억하며 경의를 표하고 싶어서이다. 그는 관직에 있을 때도 훌륭한 시민의식을 간직했고, 자기 나라의 정부에 대해 분별력 있는 견해를 가지고 있었다.

4-12 카이사르는 카틸리나를 변호하면서 '인간의 영혼은 영원하지 않다'는 주장을 하기 위해 노력했다. 카토와 키케로는 그를 비판하면서 철학적 논거로 시간을 낭비하려고는 하지 않았다. 그들은 카이사르가 나쁜 시민으로서 변호하고 있으며, 앞으로 국가에 해로운 영향을 끼칠 논리를 펼치고 있다는 것을 보여주는 것으로 만족해했다. 실제로 로마 원로원이 판단해야 할 문제는 어떤 신학적 교리가 아니라 바로 이것이었다.

4-13. 예를 들어 시민 계약인 결혼은 사회적 효력이 있으며, 그것 없이는 사회는 존재할 수 없게 될 것이다. 그런데 성직자들에게만 이 행위를 실행할 권리가 주어졌다고 가정해보자. 그렇게 되면 모든 비관용 종교들이 이 권리를 필연적으로 찬탈하게 될 것이며, 그렇게 되면 이 권리와 관련된 교회의 권위를 강화하면서 군주의 권위를 무력하게 만들 것이다. 군주에게는 성직자들이 친절하게 허락해준 사람들 외에는 다스릴 신민이 전혀 없게 될 것이다. 결혼할 사람들이 어떤 교리를 따르느냐, 또는 어떤 예식을 받아들이느냐에 따라 교회가 빈틈없이 집행하고 학고하게 자신들의 지위를 유지한다면 이 성직자들만이 유산과 지위, 시민 그리고 심지어 국가 자체도 좌지우지하게 될 것이다. 이때 국가는 오직 비정상적인 것들로만 이루어져 더는 존속할 수 없을 것이 분명하지 않을까? 그러나 사람들은 그들을 권한 남용으로 소환하고 판결을 내리고 세속의 권한을 빼앗으면 될 것 아니냐고 말할 것이다. 참으로 딱한 생각이다! 성직자들은 그렇게 하도록 내버려두고 자신들의 갈 길을 갈 것이다. 그들은 차분하게 상소와 소환, 판결, 압류를 허락하면서 결국에는 이런 상황의 지배자로 남아 있게 될 것이다. 나는 모든 것을 차지할 수 있을 때 어떤 한 부분을 내주는 것쯤은 그리 큰 희생이 아니라고 생각한다.

소크라테스와 플라톤의 국가론

도시국가의 시민은 그 국가의 법을 준수해야 한다

BC 4세기 그리스의 철학자 소크라테스(Socrates BC 470~399)가 살고 있던 도시국가 아테네는 고대 최초의 민주주의를 실시한 것으로 알려져 있다. 아테네의 시민은 자기가 속한 민회에 참석하여 법률과 공공정책에 투표할 수 있었다(다만 여자와 노예는 제외되었고 성인 남자만 할 수 있었다. 따라서 현대 민주주의와는 다른 형태다). 민회는 입법기관이었으며, 행정과 사법을 통제했다.

BC 399년 소크라테스는 '아테네의 청년들을 타락시키고 새로운 신을 끌어들인다'는 이유로 법정에서 사형을 선고받았다. 감옥에 갇혀 있는 동안 크리톤을 비롯한 소크라테스의 친구들은 그에게 탈출할 것을 권유했다. 망명을 신청하면 받아들여질 수도 있었다. 그러나 소크라테스는 '가장 중하게 여길 가치는 훌륭하게 사는 것이며, 그것은 아름답게 사는 것이다'라고 주장했다. 여기에서 소크라테스가 말한

'아름답게'란 '정의' 즉 올바르게 사는 것을 의미했다. 그리고 '국가와 법'으로 도피하는 것은 정의롭지 못한 것이었다.

소크라테스는 도시국가에 살고 있는 모든 시민은 국가의 법을 지켜야 할 의무가 있으며, 그 법을 준수해야 하는 계약에 자발적으로 동의한 것으로 생각했다. 국가의 법이 마음에 들지 않는 시민은 그곳을 떠나면 되는 것이다. 이것은 역사상 최초의 사회계약론을 연상시키는 부분이다.

소크라테스는 국가와 시민의 관계는 부모와 자녀의 관계, 또는 주인과 노예의 관계 그 이상이므로, 시민은 국가에 저항해서는 안 된다고 말한다. 한 시민이 아테네라는 도시국가에 살고 있는 것은 그 도시국가의 법에 따르겠다는 합의를 한 것과 같은 것이다. 결국 소크라테스는 자신의 신념과 정의에 따라 기꺼이 독배를 마셨다.

훗날 플라톤에 의해 정리되어 발표된 소크라테스의 저서 《변명》에는 재판에 넘겨진 후 아테네 법정에서 자신을 변론한 내용이 담겨 있다. 또한 《크리톤》은 사형되기 전 날, 친구 크리톤이 탈옥을 권하며 소크라테스와 나눈 대화록이다. 소크라테스가 죽음을 택하면서도 버리지 않았던 정의와 법의 관점이 사회계약의 시초라는 것을 보여주는 내용이 담겨 있다.

영원한 진리에 의해 질서가 통치되는 국가

플라톤(Platon BC 427?~347)은 소크라테스의 제자이다. 20살에 만난 스승 소크라테스는 플라톤에게 가장 많은 영향을 끼쳤다. 소크라테스가 국가에 의해 사형되자 너무나 큰 충격을 받은 그는 아테네를 떠나 이탈리아 남부와 시칠리아 등지에서 방랑생활을 했다.

BC 387년경 아테네로 돌아온 플라톤은 아카데미아를 설립하고 제자들을 가르치며 자신의 철학 사상을 펼쳤다. 플라톤은 자신의 '국가론'을 현실 정치에 펼쳐보기 위해서 2번에 걸쳐 시칠리아의 수도 '시라쿠사'에 건너가기도 했었다. 결국 성공하지는 못했지만, 소크라테스를 파괴한 아테네의 민주정치에 대해 심한 불신을 가졌던 그로서는 '국가는 왜 생겼는가?'라는 문제가 일생의 화두였다.

플라톤의 저작 《국가론》은 이상적인 도시 국가에 대한 그의 상상력이 소크라테스와 대화하는 형식으로 그려져 있다. 플라톤은 먼저 '부도덕한 정부를 금권정치, 과두정치, 민주정치, 참주정치라 규명하고 이들을 비판한다. 그리고 이상적인 지배자가 나라를 다스려야 한다고 주장한다.

플라톤도, 국가 즉 공동체의 설립은 개인이 자신의 필요를 충족시키기 위해서 다른 인간을 필요로 하면서 생겨났다고 보았다. 필요의 다양함이 여러 개인들을 같은 주거지에 모으고 이들은 서로 결합해

서로를 돕게 된다. 이때 개인들이 자발적으로 계약에 합의함으로써 공동체, 즉 국가가 성립하게 되는 것이다. 국가는 개인을 보호해야 하며, '본능적으로 살고 싶어 하는' 개인의 욕망을 규제할 법이 필요해지는 것이다.

여기에서 플라톤은 국가의 구성원을 통치자, 수호자, 생산자 세 계급으로 구분했다. 이들 각 계급의 사람들이 자신의 역할과 본분에 해당하는 덕을 잘 발휘하여 서로 조화를 이룰 때 정의로운 국가가 실현된다. 특히 뛰어난 지혜를 가진 철학자가 나라를 다스려야 한다는 철인 정치론을 주장했다.

플라톤은 개인들의 자발적인 계약에 의해 국가가 성립된다 할지라도 '정의로운 국가'가 되기 위해서는 앞에서 말한 세 계층(통치자, 수호자, 생산자) 사이의 관계가 조화롭게 유지되어야 한다고 보았다. 따라서 각 개인의 인성을 계발하고 절제를 가르쳐 유익한 사회구성원이 되기 위해 끊임없이 교육을 시켜야 한다고 주장했다. 그리고 이 모든 지식들을 완벽하게 습득한 소수의 철학자들에 의해 국가가 통치되어야 한다는 것이다.

플라톤이 생각한 철학자는 이데아 중에서도 최고의 이데아인 좋음(善)의 이데아를 보고, 그것을 바탕으로 개인과 나라가 나아갈 바를 정확히 아는 사람이다.

토머스 홉스의 근대국가론

자연상태에서, 인간의 삶이란 만인의 만인에 대한 투쟁

홉스(Thomas Hobbes 1588~1679)는 사회계약론을 기반으로 한 합리적인 근대국가론을 주장한 사람이다. 그가 살고 있던 영국은 1649년 찰스 1세(Charles I 1600~1649)를 단두대에서 처형했다. 이것은 수백년 동안 유럽의 왕조를 지배했던 군주제의 종말을 알리는 사건이었다. 그동안 왕의 통치권은 신으로부터 부여받은 신성불가침의 것으로 여겨졌으나, 역사상 처음으로 왕을 법정에 세우고 처형한 것이다. 이후 영국은 절대왕정이 아닌 입헌군주제가 되기까지 정치적 혼란이 지속되었다.

이와 같은 정치적 혼란은 홉스에게 국가의 정치체제에 대해 연구할 동기를 부여했다. 1651년 홉스는 《리바이어던 (Leviathan)》을 통해 자신의 정치철학론을 펼치게 된다. '리바이어던'은 구약성서(욥기 41장)에 나오는 바다괴물의 이름에서 따온 것이다. 홉스는 리바이어던을 국가에 비유했다. 그래서 책 표지에 오른손에는 검(정치권력), 왼손에

토머스 홉스와 《리바이어던》(1651)

는 왕홀(교회권력)을 든 수많은 사람으로 이루어진 거인(괴물)이 그려져 있다.

홉스는 이 세계가 오직 물질로 존재한다는 유물론적 사상을 따랐다. 따라서 인간 역시 우주 전체를 이루고 있는 여러 기계와 같은 것이라고 생각했다. 인간 정신을 하나의 자동기계로 여긴 것이다. 따라서 인간은 오로지 자기 보존의 충동을 위해 움직이거나 생명을 유지하는 존재이기 때문에 생존에 유리한 것만 선택하고 불리한 것은 배척한다. 또한 언제라도 부족한 것을 얻기 위해 싸우고자 한다. 그래서 홉스는 가장 최악의 경우를 '자연상태에서 인간의 삶이란 만인의 만인에 대한 투쟁이다'라고 선언한 것이다.

홉스는 만일 이러한 본능이 통제되지 않는다면 사회적 무질서가 발생할 것이라는 가정을 전제로, 인간들이 이성적으로 공동체를 형성하거나 국가를 세우게 되면 이러한 혼란으로부터 보호될 수 있다고 보았다. 따라서 공동체에 속하는 모든 인간은 자신의 권리를 통치자에게 위임하겠다는 계약을 통해 절대적 권위자(군주, 또는 통치권을 지닌 의회)는 권리를 위임한 시민들의 복지와 안전을 책임져야 하는 것이다.

이때 홉스는 리바이어던 같은, 무제한의 권력을 갖춘 전능한 지배자를 주장했다. 그러나 그 지배자의 무제한적인 권력은 신으로부터 직접 받은 것이 아니고, 그의 신하가 될 시민들이 체결한 계약을 통해서이다. 다시 말해 인간은 자연적으로 전쟁이나 투쟁을 지향할 수밖에 없는데, 권위에 의해 가해지는 사회적 규범만이 인간을 그러한 상태로 전락하는 것을 막을 수 있다는 것이다.

홉스는 개인과 절대권능 사이에 맺어지는 계약이 없다면 사회는 해체될 것이며, 그 결과로 '만인의 만인에 대한 투쟁'만이 남게 되고, 모든 사람들은 '고독하고, 가난하며, 처참하고 야만적이며, 궁핍한' 처지에 놓이게 될 것이라고 말한다.

자연상태를 극복하기 위해 계약을 맺어 법과 규범을 만들고 이를 집행하기 위한 정부를 세우는 것이다. 그리고 법규가 제대로 지켜지도록 하고 법규의 위반자를 엄격하게 제재하기 위해 군주에게 절대권을 부여해야 한다는 것이다.

그런데 여기에서 조건은 '모든' 신하들은 예외 없이 군주의 권위에 복종하는 데 동의하는 것이다. 계약의 결과, 인간은 안전과 원하는 바를 충분히 달성할 수 있게 된다. 따라서 인간의 본성이 이기적이라 해도 사회계약은 그 이기적 욕망이 타인의 이익을 고려하는 선에서 절충점을 찾을 수 있을 것으로 생각했다.

홉스의 주장은 당시의 정치 집단과 종교 사회에 충격을 주었다. 왕권신수설을 신봉하는 사람들은 사회계약이라는 것이 마음에 들지 않았다. 또한 청교도들은 인간을 기계로 취급하는 홉스를 무신론자라 비방했다. 또한 의회론자들도 계약에 의해 시민들은 지배자에게 절대 복종해야 하며 지배자의 권력은 무제한이며 그 계약은 깨뜨릴 수 없다는 것 때문에 홉스의 절대군주제에 따르는 것을 주저했다. 결국 로마 교황청에서는 홉스의 《리바이어던》을 금서 목록에 올려놓았다. 홉스의 주장은 '평화를 지키려면 강력한 주권자의 지배가 요구된다'는 점에서 훗날 전체주의자, 나치주의자들에게 차용되기도 했다.

존 로크의 사회계약론

시민들의 동의하에 통지하는 형태만이 합법적인 정부

홉스의 사회계약론이 인간의 본성이 악하다는 인식에서 출발했다면, 로크(John Locke 1632~1704)는 정반대였다. 홉스는 자연상태에서 인간은 자기 보존 본능으로 투쟁을 할 수밖에 없는 존재라고 말했다. 그러나 로크의 사상은 근대철학의 결실이라고 할 수 있는 경험론의 시초였다.

로크의 경험론에 의하면, 인간의 정신에는 본래 아무 것도 담겨 있지 않고 쓰여 있지도 않다(백지설). 인간의 본성이 이기적일 수 있지만 선과 악을 판단할 줄 아는 이성을 신이 부여했다고 생각했다. 따라서 인간 지식의 원천은 오로지 사물에 대한 경험과 성찰을 통해 이루어진다는 것이다. 즉 경험론은 인간의 이성에 대한 절대적 신뢰를 기반으로 한 것이다(근대철학의 두 사조는 경험론과 합리론이다. 경험론과 달리, 합리론은 모든 것에서 수학적, 과학적 근거로부터 인식해야 한다는 주장이다. 데카르트로부터 시작된 인식 체계이다. 경험론과 합리론의 사상은 근대정신의 기초가 되었다).

존 로크

　로크는 홉스의 주장과 달리 자연상태에는 '자연법'이 존재하며, 자연법이 지배하는 평화로운 상태라고 보았다. 그 안에서 모든 인간은 자신의 자유와 평등, 재산을 보호하고자 하는 권리가 주어졌으며, 이 것은 모든 인간이 보존해야 하며 누구도 침해할 수 없는 것이다. 자연법에 의해 인간은 노동을 통해 획득한 것에 대해서는 자신의 소유권을 가질 수 있으며, 자유롭게 살 수 있으며 또한 자신과 다른 사람들이 동등하다고 간주하는 이성을 가지고 있다는 것이다.

　로크는 자연상태에서도 일정한 사회가 형성되지만, 사유재산에 의해 불평등이 발생하게 되었다고 말한다. 이것은 로크의 주장에서 핵심적인 부분이다. 로크에 의하면 자연상태에서 만물은 신이 모든 인간에게 공통적으로 내려준 것이다. 그것에 자신의 노동을 가하여 만들어진 것은, 그것이 무엇이든 노동을 제공한 사람에게 소유권이 존재한다고 보았다. 그러나 자연상태에서 생성된 부의 축적이 사회적 불평등을 가져왔으며, 공동체의 권위가 없는 곳에는 언제라도 갈등이 발생하여 사람들이 자연법을 위반할 수 있는 불완전한 상태가 된다.

이 지점에서 홉스의 주장과 달라진다. 로크는 무제한으로 축적된 부와 평등한 분배 사이의 갈등을 조절하는 규범을 만들어야 하는 것이 국가의 의무라고 인식했다. 바람직한 국가 형태는 공동체에 속하는 사람들의 다수의 의결을 통해 그들이 원하는 정부 형태를 선택하는 것이다.

로크의 이상은 자유주의적 입헌군주제였다. 정치권력 또는 통치권의 근거에 대해 줄곧 사유한 그는 1689년 《정부에 대한 두 가지 논문(통치론)》을 발표했다. 제1론은 '왕권신수설'을 비판하는 내용이며, 제2론은 로크의 핵심 의제로서 '시민정부의 참된 기원, 범위 및 목적에 관한 시론'이라는 부제가 달려 있다. 즉 통치자가 시민들의 동의하에 통지하는 형태만이 합법적인 정부라고 주장한 것이다. 이것은 기존의 정치권력의 세습과 절대군주제를 반대하는 것이다.

로크에 의하면 공동체에 속하는 사람들 다수의 의결을 통해 국가가 형성되고, 공동체와 정부는 사회계약으로 결합된다. 계약에 의해 정부는 시민의 권리를 책임져야 하는 의무를 가지며, 시민들은 통치자(국가)의 법에 반드시 복종해야 한다.

여기에서 한걸음 더 나아간 것이 정부의 권력을 제한하는 하나의 방법, 그의 유명한 권력분립론이다. 국가의 권력은 입법부와 행정부로 구분되며, 입법부는 법률을 마련하여 국가를 제어하는데, 입법부 즉 의회의 구성은 시민의 대표자들이다. 그러나 법을 제정한 사람들이 법을 집행하는 것이 아니라, 행정부에서 법을 집행함으로써, 법의 균형을 유지하는 것이 이상적이라고 생각했다.

로크는 《통치론》에서 시민들이 기본권을 보호받기 위해 계약을 통해 정부를 구성했으므로 국가가 시민의 기본권(자연권)을 침해하는 경우 시민은 저항할 권리를 가지며, 그 정부를 해산할 수 있는 권리가 있다고 보았다. 입법부가 시민의 권리를 대신할 것이라는 신뢰를 무너뜨렸을 때, 시민은 자신들의 주권을 절대 포기할 수 없으므로 그 정부를 해산할 수 있다는 것이다.

로크의 주장은 1688년 '명예혁명'이라는 평화적 쿠데타로 영국이 입헌군주국으로 변모하는 기틀이 되었으며, 유럽 국가들의 정치 지형을 바꾸는 새로운 신호가 되었다. 입헌군주제의 영국에서 왕의 권리는 계약(헌법)으로 규정되었다. 지배자와 시민들 모두 그 계약을 준수해야 하는 의무를 가졌다. 또한 자유 선출로 구성된 의회에 입법부의 권리가 주어졌으며, 집행의 권리는 왕에게 주어졌다.

시민의 정치적 자유에는, 언론과 종교적 자유까지 보장해야 하고 저항권까지 포함해야 한다는 로크의 주장은 이후 미국의 독립선언 (1776)과 프랑스 혁명(1789)에 커다란 영향을 끼치면서 세계 정치사의 거대한 흐름을 만들어냈다.

루소의 사회계약론

시민이 주권을 가진 정치제제

장 자크 루소(Jean-Jacques Rousseau 1712~1778)는 18세기 인간의 감정과 삶을 자연과 일치시키는 것을 발견한 사상가 중의 한 명이다. 그의 정치 저서인《사회계약론(Du Contrat Social)》(또는 정치적 권리의 원리)은 민주주의 이념의 토대가 되어 프랑스 혁명 지도자들의 지침서가 되었다.

루소는 홉스, 로크와 마찬가지로 자신의 정치이론을 인간의 자연상태에서 시작한다.《사회계약론》의 첫 문장은 '인간은 자유롭게 태어난다. 그러나 어디에서나 쇠사슬에 묶여 있다'는 유명한 선언으로 시작된다. 이것은 루소의 사상을 가장 인상 깊게 보여주는 말이다.

루소에게 인간은, 홉스에게서 볼 수 있는 것처럼 '만인의 만인에 대해 투쟁'하는 동물과 같다거나, 로크가 바라보는 '자연법에 따르는 이성적인 존재'로 생각하지 않았다. 인간은 도덕적인 존재 중의 하나로서, 선천적으로 선하지만 이런 특질이 당대 사회의 본성에 의해 더럽혀지고 변질되었다고 믿었다.

루소는 18세기 유럽의 사회와 산업화 그리고 탐욕이 인간의 타고난 고결함 위에 타락의 껍질을 씌우는 대상이라고 보았다. 사회는 문명을 통해 위선과 경쟁, 시기, 질투와 같은 나쁜 특성들을 인간에게 강요한다. 인간이 이러한 특성을 가지기 전에 자연상태의 자연인으로 돌아가 자연친화적으로 살아가는 것이 인간들이 자신의 가능성을 실현하고 태어난 목적대로 살아가는 방법이라고 주장했다.

루소의 이와 같은 사상은 1762년에 발표한 《에밀》과 《사회계약론》에 집약적으로 표출되어 있다. 이 두 작품은 18세기 유럽을 '루소 열풍'에 빠져들게 할 정도였다. 《에밀》에서는 자연에 가까운 이상적 교육을 제안함으로써 인간 혁명의 분수령이 되었으며, 《사회계약론》에서는 공화국 건설을 주장함으로써 절대왕정의 몰락을 예고했다.

루소 역시 국가의 건설에 있어서는 홉스나 로크처럼 사회계약을 제시하는 것은 동일하다. 즉 개인이 자신의 생명과 신체, 그리고 재산을 포함한 자신의 권력을 사회공동체에 맡긴다. 그러나 그 대신 공동체로부터 보호받을 권리를 갖게 되는 것이다. 즉 각 개인은 법을 만드는 주권자이면서 동시에 그 법에 복종하는 시민이 되는 것이다. 이때 시민은 자신의 자유와 주권을 결코 포기하지 않는다. 누구에게도 양도될 수 없는 '주권'이라는 의지는 이후 '민주주의'의 근간이 되어 근대 시민사회의 핵심적 주제가 되었으며 현대에까지 이르게 되었다. 루소가 말하는 개인은 공동체에서 자신의 이익을 가장 잘 대변하는 주권자가 되는 것이다.

'일반의지'에 의해 국가가 성립된다

루소는 공동체가 정당한 사회가 되려면, 일반의지(general will) 즉 공동체의 집단적 의지에 의해 존재할 수 있다고 말한다. 루소의 일반의지는 공동체의 구성원 전체가 개별적인 의지를 초월하는 '일반의지'에 따를 것을 약속함으로써 국가가 탄생되며, 이것은 사회계약에 의해 비로소 성립된다는 것이다. 따라서 일반의지의 표현이 곧 '법'이며 일반의지의 행사가 '주권'이 되는 것이다. 일반의지는 절대적인 것으로 타인에게 양도할 수도 없고, 분할될 수도 없다.

사회계약은 각 개인이 자신의 것(소유권을 포함하여)을 공동으로 맡겨, 최고 위치에 있는 전체 의사에 따르도록 하는 것이다. 이때 전체 의사는 각 개인의 이익을 보장해야 한다. 또한 어느 누구도 공동체에 부여된 권력을 남용할 수 없다. 왜냐하면 공동체는 오직 공동의 이익에 필요한 것만을 취하며, 나머지는 각 개인에게 다시 돌려준다. 또한 다른 모든 사람도 동일한 조건이기 때문에 각 개인은 공동체의 일원으로써 자유와 평등을 누릴 수 있게 되는 것이다.

홉스, 로크, 루소로 이어진 사회계약론과 자유와 평등사상에 공감하게 된 시민들은 이제 유럽에서 왕조의 통치시대가 끝나고 민중들이 국가를 이끌어야 한다는 것을 알게 되었다. 1789년 프랑스 대혁명은 불합리한 구체제(앙시앵 레짐)를 철폐하고 정당한 시민의 권리를 주장한 것이다. 프랑스 인권 선언문에는 '인간은 나면서부터 자유롭고, 평등하다. 정부를 움직이는 힘은 국왕에게 있는 것이 아니고 시민에게 있다'라고 결의되어 있다.

프랑스 대혁명 이후 새로운 국가, 공화국이 건설되었다. 공화국에서 시민은 주권자인 동시에 신민이다. 권력은 국민에 속한다. 이 모든 이념들이 루소에게서 나온 것이다. 사실 프랑스 혁명(1789~1794)이 일어났을 때 루소는 이미 이 세상을 떠나고 없었다. 그러나 프랑스를 비롯하여 유럽에서는 루소를 기념하고, 루소의 정신을 숭배하여 그의 묘를 찾는 순례자들의 발길이 늘어났다.

그러나 루소의 주장 안에 등장하는 공동체의 집단적 의지와 개별 의지가 서로 상충하는 경우가 생겼을 때는 어떻게 할 것인가라는 의문이 제기되었다. 공동체의 집단적 의지는 곧 '법'이다. 루소는 이에 대해 '일반의지에 복종하기를 거부하는 사람들은 국가와 개인의 안녕을 위하여 자신을 복종시켜야 한다'라고 말한다. 즉 주권은 언제나 시민에게 있으며 양도불가능하다고 말했다. 이것은 직접민주주의의 개념이었다. 그러나 모두가 합의하는 거대한 공동체라는 루소의 사상은 전체주의 국가를 연상시켰기 때문에 왜곡되어 나타나기도 했다.

프랑스 대혁명 이후, 자코뱅 당(급진파)의 지도자였던 로베스피에르(Robespierre 1758~1794)는 루소를 자신의 스승이라고 선언했다. 혁명 이후의 혼란을 바로잡겠다는 그는 루소의 일반의지라는 개념을 그의 정치에 이용했다. 자신을 반대하는 수많은 귀족들을 모두 단두대로 보내는 등 끔찍한 공포정치를 행하여 그 자신도 결국 혁명광장에서 사형에 처해졌다. 그 이후의 역사에 등장한 히틀러와 스탈린도 마찬가지였다.

사회계약설과 시민주권론을 제시한 루소의 사상은 이후 칸트나 괴테에게 큰 영향을 끼쳤으며 유럽의 정치체제에도 거대한 변환을 가져왔다. 그의 정치철학은 18세기에서부터 현재 21세기에 이르기까지 여전히 계승되고 있는 것이다.

루소의 사회계약론 핵심

제1부:

사회계약의 본질에 관한 일반적 고찰을 시작하면서 루소는 이 논문의 목표는 인간의 이성과 도덕적 요구에 일치하는 정치체제의 규칙을 발견하려는 것이라고 말한다. 인간은 자연상태에서 신이 부여한 자유와 평등을 누릴 권리가 있었으나, 문명 사회에 의해 그것들이 타락하고 있기 때문이라는 것이다.

인간은 더 이상 자연상태에서 생존할 수 없기 때문에 살아남기 위해서는 모든 인간들이 함께 공동체를 만들어 내야 한다. 이때 진정한 공동체는 계약을 기반으로 한다. 즉, 각 개인은 공동체를 위해 자신의 모든 자연적 권리를 양도한다. 그 대신 공동체는 개인의 생명과 재산을 보장해 주어야 한다. 이러한 바탕 위에 평등이 이루어지고 자유 또한 보장된다. '사회계약'을 통해 인간은 자연적 신분에서 시민이면서 주권자가 되는 것이다.

인간은 오로지 시민으로서 도덕적 규칙에 복종하고 자신의 본능이 아니라 이성에 따라 행동할 때 비로소 완전한 하나의 인간이 된다.

제2부:

주권과 법의 문제에 대해 논의한다. 개인의 권리를 사회공동체에 맡겼을 때, 그것으로 자신의 자유와 권리가 포기되는 것인가? 그렇지 않다. 주권이란 결코 포기되는 것이 아니고 공동체에 의해 보상을 받게 된다. 개인이 공동체의 법률에 순종함으로써 공동체는 개인의 의지를 보장해야 한다. 이때 개인은 법률을 만드는 주권자인 동시에 그 법률에 복종하는 시민인 것이다.

시민은 각자 자신의 권리(소유권도 포함하여)를 공동체에 맡기고 최고의 위치에 있는 전체 의사에 따르는 것이다. 이렇게 함으로써 개인은 공동체에서 소멸되지 않는다. 공동체의 의사는 바로 개인의 것이기 때문이다. 이때 어느 누구도 공동체의 권력을 남용할 수는 없다. 공동체는 오로지 공동의 이익만을 추구해야 하는 것이다.

여기에서 루소의 핵심 주제인 일반의지가 등장한다. 일반의지란 공동체의 집단적 의지로서 공화국은 시민의 주권과 일반의지에 기초하여 법을 제정한다. 공동체의 보존은 이 법에 의해 보장되며, 이 법은 만인에게 평등하다.

법의 목적은 평등과 자유를 위해서 존재해야 한다. 따라서 지역과 시대와 모든 특수한 조건에 따라 달라질 수 있어야 한다. 가장 훌륭한 입법 체계를 갖추기 위해서는 지역적인 상황(나라의 크기, 기후, 자연환경) 또는 주민들의 기질을 고려해서 최선의 것을 결정해야 하는 것이다.

제3부 :
정부의 형태에 대해 고찰한다. 법을 집행하기 위한 기구가 필요하며 이것이 바로 정부이다. 루소는 정부의 형태를 세 가지로 나누었다.

첫째, 주권자가 정부를 국민 전체 또는 다수의 국민에게 위임하여 단순한 개인보다 행정관을 더 많게 할 수 있다. 이러한 정부 형태를 '민주정치'라 부른다.

둘째, 주권자가 정부를 소수의 국민에게 위임하여 행정관보다 단순한 개인인 시민을 더 많게 할 수도 있다. 이러한 정부 형태를 '귀족정치'라 부른다.

셋째, 주권자가 정부 전체를 한 사람의 행정관에게 집중시키고 다른 모든 사람들은 그로부터 권력을 갖도록 한다. 이것을 '군주정치' 또는 '왕정'이라 부른다.

즉, 민주정치는 전 국민 또는 절대다수의 정부를 가리키고, 귀족정치는 소수의 정부, 군주정치는 한 사람이 통치하는 것을 말한다. 루소는 이 중에서 민주정치는 모든 시민이 참여해야 하므로 작은 국가에서 가능하며, 역사상 진정한 민주정치는 존재하지 않았다고 말한다. 따라서 루소가 생각한 공화국(Republic)은 귀족정치에 가까운 것이다. 그러나 세습에 의한 귀족정치가 아니고 선거에 의해 소수의 관리들이 선출되어 시민으로부터 위임받은 권한으로 정부가 구성되는 것을 말한다. 루소가 가장 좋은 정치체제라고 주장한 귀족정치는 현재의 민주정치와 거의 유사한 것이라고 할 수 있다. 당시 유럽의 여러 나라에서 가장 많이 채택하고 있던 군주정에 대해서 루소는 아주 비판적이었다.

제4부 :

역사적으로 특수한 정치체제를 가진 국가로서 로마를 예를 들어 고찰한다. 로마의 원로원과 민회 그리고 집정관, 호민관, 독재관, 감독

271

관제도가 어떻게 구현되어 로마 공화국이 유지되었는지를 역사적으로 살펴본다.

마지막으로 국가 정치제제와 종교의 연관성을 고찰하며 당시 기독교의 법이 강력한 국가를 만드는 데 해가 된다는 비판과 더불어 국가에 필요한 진정한 시민 종교의 본질에 대해 정의한다.

루소의 생애

제네바에서 가난한 시계공의 아들로 태어났다

루소(Jean-Jacques Rousseau)는 1712년 스위스 제네바에서 가난한 시계공의 아들로 태어났다. 어머니가 그를 낳으면서 죽었기 때문에 아버지와 고모의 손에 자랐다. 아버지가 한 퇴역 장교와 싸우다가 칼을 휘두르는 사건이 발생하여, 제네바를 떠나야 했기 때문에 루소는 숙부에게 맡겨졌다. 이때 루소의 나이는 겨우 열 살이었다. 이후 열여섯 살 때 제네바를 떠나기 전까지 시골의 공작소에서 견습생 생활을 했다.

1728년 마침내 새로운 삶을 꿈꾸며 제네바를 떠난 루소는 제네바 주변 시골 농촌을 떠돌며 방랑생활을 했던 것으로 보인다. 방랑 생활은 자연에 눈뜨게 되는 계기가 되었다(이후 루소는 걸어다니는 여행을 즐겼으며 자연과 더불어 사는 삶은 죽을 때까지도 이어졌다). 이 시기에 가톨릭 교구 신부의 추천으로 루소의 생애에 가장 큰 영향을 끼친 바랑 남작 부인을 만나게 된다. 이때 루소는 바랑 부인의 추천으로 가톨릭으로 개종

한다.

루소는 앙시에 있는 남작 부인의 집에 기거하면서 그녀의 후원 아래 거의 독학으로 철학, 문학, 음악 등을 섭렵하며 지적 성장과 함께 정신적으로도 위안을 받는 생활을 하게 된다. 이때 볼테르의 저서를 모두 읽었다고 한다.

그러나 바랑 부인과 헤어지면서 1941년 루소는 아무런 연고도 없는 상태로 파리로 왔다. 가난했던 그는 신학보다는 음악에 몰두하여 악보표기법을 정리하여 《현대음악론》을 출간하기도 했으나 특별한 성과는 없었다. 그러나 음악 가정교사 등을 하면서 파리의 유력인사들과 사귀게 되고 뒤팽(Dupin) 부인의 후원을 받게 되었다. 그녀의 추천으로 베네치아 주재 프랑스 대사의 비서 업무를 하기도 했으나, 갈등을 빚어 그만두고 파리도 돌아왔다. 그 시기에 《정치제도론》과 《사회계약론》을 구상하기 시작한 것으로 보인다.

1744년경부터 루소는 프랑스의 대표적인 계몽주의 사상가 디드로(Denis Diderot 1713~ 1784)를 만나면서 파리의 지식인 그룹에 합류한다. 볼테르, 몽테스키외와 함께 당시의 학문과 기술을 집대성하여 출간하는 대규모 출판 사업인 《앙시클로페디(Encyclopedie)》(백과전서)의 편집에도 참여할 기회를 갖게 되었다. 여기에는 주로 급진적인 개혁론자들이 함께 했는데 루소도 이들과 사상적 견해를 같이 했다.

디종의 아카데미 현상 논문에서 최고상을 받다

루소가 사상가로서의 입지를 굳히게 된 것은 1750년 디종의 아카데미 현상 논문에 '학예론'이 최고상을 수여하면서부터이다. 루소는 자신의 자서전에 당시 디드로의 격려를 받고 글을 낼 수 있었다고 말한다. 이 글에서 루소는 인간이 자연과 교감을 하며 살았을 때는 선하고 행복했지만, 사회와 문명의 발전은 인간을 도덕적으로 타락시키고 있다는, 그의 주된 생각을 그려내고 있다.

이 생각은 곧 그의 두 번째 논문인 《인간불평등기원론》(1755년)을 통해 한층 발전된 사고로 이어진다. 루소는 인간이 왜 불평등하게 되었는지 그 기원에 대해 질문하며, 불평등이 자연법에 의해 정당화될 수 있는지를 따진다. 인간의 불평등을 자연적인 것과 인위적인 것으로 구분해 논하는데, 그가 문제 삼은 것은 인위적 불평등에 관해서였다. 즉 신분제도와 사유재산제도를 당연하게 여기고 있던 당시 사람들에게는 혁명적 사상이었다.

앞선 사상가였던 홉스, 로크와는 달리 루소에게 인간은 본래 선하며 자유로운 존재이다. 그러나 인간이 악하게 변하게 되는 것은 자연의 산물이라기보다는 사회의 산물이라는 것이다.

루소는 이후 《정치경제론》《언어기원론》 등을 발표하면서 당대 지식인들의 주목을 받기 시작했으나, 한편으로는 차츰 견해 차이를 보이기 시작한다. 이때부터 백과전서파 철학자들이나 볼테르 등과도 소원해지기 시작했다. 특히 1758년에 발표한 '달랑베르에게 보내는 연극에 관한 편지'에서 연극의 사회적 기능에 대해 논한 이후 디드로와는 절교 상태에 이르게 된다. 루소는 연극이 시민들의 도덕성에 악영향을 끼친다고 반박했다. 희곡으로 명성을 얻은 볼테르는 연극의 목적은 계몽이며, 종교적 광신에 대항할 수 있는 수단으로 생각했기 때문에 루소에게 등을 돌리게 되었다. 1759년 볼테르는 루소의 '섭리에 관한 편지'에 대한 반박으로 《캉디드》를 발표했다.

이후 루소는 파리를 떠나 몽모랑 시 인근에 머물며 왕성한 저술활동을 한다. 서간체 연애소설인 《신(新) 엘로이즈》와 소설 형식으로 쓴 《에밀》을 집필한 것도 이 무렵의 일이다. 특히 《신 엘로이즈》(1760년)는 대단한 성공을 거두어 파리와 제네바에서 널리 읽혔다. 그러나 이 책은 아이러니하게도 계몽주의 사상의 본질인 이성과 대립하는 낭만주의 문학이 발전하는데 큰 영향을 끼쳤다. 그러나 제네바 장로회의에서는 이 책이 위험하다고 생각했다.

루소의 책, 파리와 제네바 등에서 금서가 되다

그러나 1762년에 발표된 《사회계약론》과 《에밀》은 세상을 더욱 들끓게 했다. 《사회계약론》에서는 이상적인 국가체제, 즉 공화국에 대한 루소의 주장을 집약적으로 보여줌으로써 루소의 사상은 정치적 문제로 넓혀지고 있었다. 또한 《에밀》에서는 '본성적으로 선하게 태어난 인간이 사회에 의해 타락하고 있다'고 주장함으로써 종교 집단을 적으로 돌려놓았다. 루소는 인간에게 기독교의 교리가 필요한 것이 아니고 '자연에 가까운 교육'이 필요하다고 주장하며 자연으로 돌아갈 것을 역설했다. 종교 집단에게 이것은 성서의 권위를 부정하는 것으로 해석되었다.

파리의 소르본 대학에서 루소를 고발하고, 고등법원에서 《에밀》에 대해 유죄선고를 내려 루소에 대한 체포명령이 내려졌다. 결국 루소는 고향인 제네바로 떠날 수밖에 없었다(루소는 그곳에서 다시 개신교로 개종했다). 사회계약론과 에밀은 제네바에서도 금서 처분이 내려졌다. 사회계약론은 프랑스가 아닌 네덜란드에서 출간되었으나 네덜란드에서도 금지되었다.

만년의 고독한 삶, 그러나 프랑스 대혁명의 사상적 지주

이후 루소는 제네바에서도 여론이 좋지 않아 다른 나라를 전전하며 저작활동을 했다. 주로 자신을 옹호하는 내용의 글을 썼는데 《고백록》과 《대화록—루소는 장 자크를 심판한다》 등이다. 여기에는 자신의 도덕적 실수를 고백하며 스스로를 연민하는 모습을 보이고 있다.

아르메니아인의 복장을 한 루소와 루마니아에서 발행된 그의 우표.
루소의 사상은 유럽 혁명의 기틀이 되었지만, 그의 삶은 당대 사회
로부터 수많은 비난을 받아야 했다.

 루소의 개인적인 삶은 평탄하지 않았던 것으로 보인다. 바랑 남
작 부인과 헤어진 후 호텔 세탁부였던, 테레즈 르바쇠르(Therese
Levasseur)와 함께 동거하다가 다섯 명의 아이도 낳게 된다. 말년의
생애는 그리 평온하다고 할 수 없었다. 파리와 제네바, 영국을 오가며
도피생활을 해야 했으며, 사상적 동지였던 친구들과의 결별, 도덕적
비난 등으로 피해망상에 시달렸다. 파리에 숨어 살면서 아르메니아인
의 복장을 하는 등 기괴한 행동을 하기도 했다.
 육체와 영혼이 모두 지친 루소는 마침내 자신과의 타협을 시도하며
서정성 있는 작품 '고독한 산책자의 몽상'을 쓰기 시작했지만 완성하

지 못했다. 1778년 프랑스 파리 북쪽의 지라르댕 후작의 영지인 에름 농빌로 피신했다가 그곳에서 죽었다.

그러나 《사회계약론》에서 루소가 펼친 자유, 평등, 주권 사상은 미 국독립선언(1776년)과 프랑스 대혁명(1789~1794)의 원동력이 되어 근대 민주주의의 기틀을 세우게 되었고, 1794년 루소의 유해는 프랑 스 파리의 팡테옹(프랑스 역사에서 위대한 인물들을 모셔 놓은 국립묘지)으로 옮 겨졌다.

한편 《에밀》에는 아이들은 어렸을 때부터 자연과 조화되는 삶을 발 견하도록 가르쳐야 한다는 인간 중심의 교육관이 드러나 있었다. 이 책은 당시 유모에게 아이를 맡겨 기르던 프랑스 귀족 사회에 엄청난 파장을 일으켜, 결국 어머니들이 직접 모유를 수유하는 유행을 낳기 도 했다. 또한 어릴 때부터 자연 속에서 신체활동을 하게 해야 된다 든지, 아이들을 강보에 꽁꽁 묶어 두지 말고 몸을 뻗어 기지개를 시켜 주어야 한다는 등등의 자연주의 교육법이 18세기에 이미 루소로부터 시작되었다고 할 수 있다.

그러나 아이러니하게도 루소는 자신의 다섯 명의 자녀들을 고아원 으로 보낸 것 때문에 냉혹한 비난을 받아야 했다. 그럼에도 불구하고 오늘날까지 《에밀》은 교육학의 명저로 손꼽히고 있으며 '자연으로 돌 아가라'는 루소의 주장은 여전히 의미 있는 울림으로 전해지고 있다.

18세기 유럽을 지배한 사상가, 볼테르

뉴턴의 과학 사상과 로크의 자연권을 결합하다

볼테르(Voltaire 1694~1778)는 프랑스의 계몽주의 사상을 이끌어낸 핵심적인 인물이다. 또한 문학가로도 명망을 떨쳤다. 본명은 프랑수아─마리 아루에(Francois-Marie Arouet)이다. 아버지는 공증인으로 전형적인 부르주아 집안이었다. 루이 15세 시절 오를레앙의 공작 필립 2세의 섭정을 비방하는 시를 써서 바스티유 감옥에 수감되었다. 당시 많은 정치범들이 수감된 바스티유 감옥은 곧 프랑스 혁명의 도화선이 된다.

그러나 수감 생활 동안 볼테르라는 필명으로 집필한 희곡(오이디푸스)이 큰 성공을 거두어 출옥 후 문학가로서 커다란 명성을 얻게 되었다. 그러나 우연한 사건에 휘말려 생의 전환점을 맞게 된다.

1726년 어느 귀족이 볼테르를 향해 "드 볼테르 씨, 아루에 씨(볼테르의 본명) 당신의 이름은 뭐요?"라고 물었다. 이것은 볼테르의 명성

볼테르

을 못마땅하게 생각하여 '드(de)'를 붙여 귀족인 것처럼 허세를 부린다며 비꼬는 것이었다.

볼테르는 "내 이름은 대단하지 않습니다. 그러나 나는 최소한 내 이름을 명예롭게 할 수는 있습니다"라고 대꾸해 주었다. 화가 난 귀족이 하인들을 볼테르에게 보내 구타하도록 했다. 이 사건으로 볼테르가 결투를 신청했으나 평민 신분으로 귀족에게 대들었다는 이유로 바스티유 감옥에 수감되었다. 볼테르는 프랑스를 떠난다는 조건으로 다시 자유를 찾을 수 있었다.

우연히 일어난 이 사건은 볼테르에게 프랑스 귀족의 특권 남용에 대해 분노하게 했고 프랑스 사회의 부조리와 불평등에 눈을 뜨게 되었다. 볼테르는 영국에서 지내며 귀중한 경험을 할 수 있었다. 당시 영국은 프랑스보다 정치적으로 또는 사상적으로 훨씬 자유로웠다. 볼테르는 물리학자 아이작 뉴턴(Isacc Newton 1642~1727)의 과학적 재능에 깜짝 놀랐다. 데카르트의 전통, 즉 객관적인 관찰을 토대로 한 지식을 중시하는 뉴턴의 과학 사상과 로크의 자연권은 볼테르 사상의 핵심이 되었다.

볼테르는 과학은 우주의 만물이 '자연법'의 지배를 받는다는 것을 알려 주었으며, 또한 인간에게는 천성적으로 부여받은 '자연권'이 있다는 로크의 견해에 동의했다. 데카르트, 로크, 그리고 뉴턴의 과학적 사고를 접합한 볼테르의 사상은 훗날 혁명적인 사상의 흐름을 만들어 낸다. 즉 인간의 본성과 사회의 관계를 탐구하는 계몽주의 사상이 싹트게 된 것이다.

계몽주의는 인간의 이성을 존중하고, 이성에 의한 인류의 진보를 주장한다. 과학이 아닌 무지와 미신을 거부하고 인간의 이성에 상반된 제도와 관습을 개혁할 것을 주장했다. 많은 계몽주의 사상가들은 기존의 종교적 세계관을 부정했기 때문에 무신론자로 공격을 받았다.

볼테르 역시 인간들이 종교적 사고에서 벗어나 과학적 사고로 전환해야 한다고 확신했다. 종교 생활보다 정치제도, 교육 등의 개혁이 필요하다고 생각했으며, 1734년 이러한 사상들을 정리하여 《철학서간》이란 책을 펴냈다. 이 책은 '구체제에 던져진 최초의 폭탄'이라고 평가될 정도도 프랑스 시민들에게 혁명을 꿈꾸게 했다.

《철학서간》이 프랑스 당국으로부터 금서 조치가 내려지자 볼테르는 스위스와 프랑스를 전전하며 활동했다. 스위스에 머무는 동안에 볼테르는 드니 디드로의《백과전서》간행에 참여했다. 이 책은 프랑스 계몽주의를 상징하는 저술로써, 루소와 몽테스키외를 비롯하여 당대 계몽주의 사상가들이 공동으로 집필한 것이다.

볼테르는《백과전서》간행에 함께 참여한 루소에게 많은 영향을 끼쳤다. 두 사람은 처음에는 가까웠다. 그러나 두 사람은 많은 부분에서 열렬한 논쟁을 벌일 정도로 견해 차이를 보였다. 즉 '자연으로 돌아가라'는 루소의 이념에 대해 아주 과민하게 반응한 볼테르는 '인간을 향해 짐승처럼 네 발로 걷고 야만인처럼 행동하라고 부추긴다'며 조롱했다. 1762년 볼테르는 루소의 낙관주의에 대한 반론으로 철학 소설《캉디드》를 출판했다. 낙관주의를 반대하는 볼테르의 비관주의가 녹아 있는 이 작품은 최고의 걸작으로 손꼽힐 정도로 찬사를 받았다.

볼테르라는 이름과 함께 떠오르는 또 하나의 상징어는 흔히 '톨레랑스'라고 말하는 '관용'이다. 볼테르는 1763년《관용론》에서 '관용'의 중요성을 누구보다 강조하며 잘못된 체제에 대한 비판을 서슴지 않았다. 그는 프랑스에서 신구교의 갈등으로 누명을 쓰고 처형된 한 상인의 복권을 요구하며, 불관용과 종교적 광신을 요구하는 기독교의 모순에 대해서 공격했다. 루소 역시《사회계약론》의 끝부분에 종교적 불관용의 폐해에 대해 날카로운 지적을 하고 있다.

프랑스 정부와 종교 집단과의 마찰로 프랑스를 떠나 있던 볼테르는 루이 15세가 사망한 1778년 초 파리로 돌아올 수 있었다. 프랑스 혁명이 일어나기 직전이었으므로 볼테르는 그가 끼친 영향력으로 인해 열광적인 환영을 받았다. 그러나 그는 혁명을 직접 보지 못하고 그해 5월 30일에 세상을 떠났다.

《백과전서》를 이끈, 드니 디드로

18세기 계몽주의 사상의 상징, 백과전서

드니 드디로(Denis Diderot 1713~1784)는 18세기 프랑스의 대표적인 계몽주의 사상가이다. 가난한 대장장이의 아들로 태어났으나, 파리대학교에서 인문학, 철학 등을 고학으로 공부했다. 샤프츠베리(Shafttesbury 1671~1713 : 본명은 애슐리 경. 윤리적 절대주의를 지향한 영국의 도덕 철학자. 로크에게도 사상적 영향을 끼쳤다)의 영향으로 '이신론(理神論)(기독교 교리를 이성적으로 이해하려는 합리적인 종교관. 신을 인정하지만 계시나 기적 같은 것은 부정한다)'을 주장했다. 그러나 1749년 《맹인들에 관한 편지(Lettre sur les aveugles)》에서 무신론자의 색채를 보였기 때문에 감옥에 갇히기도 했다.

32세가 될 때까지 극도로 가난한 생활을 하던 그에게 《백과전서》의 편집이 맡겨졌다. 이것은 원래 1727년 영국에서 간행된 '사이클로피디아(Cyclopaedia)'를 번역하는 일이었는데, 새로운 《백과전서》를 출판할 것을 제안하여 착수되었다.

디드로와 달랑베르

디드로와 달랑베르(d'Alembert 1717~1783 : 프랑스의 수학자, 물리학자이며 철학자였다)의 주도하에 볼테르, 몽테스키외, 루소 등 당시 계몽 사상가 160여 명이 공동으로 집필한 이 책은 1751년에 제1권을 내고 20여년에 걸쳐 완간(본문 19권, 도판 11권)되었다.

이 책은 '백과전서파'라는 말이 나올 정도로 프랑스 계몽주의를 상징하는 저술로 평가된다. 프랑스 검열관들에 의해 여러 번에 걸쳐 금서로 지정되기도 했다. 디드로는 평생 이 일에 몸과 마음을 다 바쳤다. 다양한 분야의 지식의 총체를 온전히 수록하여 과학적 사고로 전환할 수 있는 사전을 만들려고 했다. 내용에 있어서 종교, 전제적 통치에 대한 비판 등이 반영되어 있었으므로 완간될 때까지 수많은 탄압과 발행 정지 명령을 받았다. 서적 유통을 담당했던 친구 덕분에 원고를 숨길 수 있었고, 1759년 왕(루이 15세)은 결국 《백과전서》를 승인했다. 루이 15세의 연인이었던 퐁파두르(de Pompadour)의 영향 때문이었다고 한다. 문화적 교양이 높았던 그녀는 백과전서파들을 적극적으로 후원했다.

《백과전서》의 영향력은 유럽 전체에 프랑스의 취향, 즉 문학, 예술, 건축, 가구, 패션, 요리의 모델이자 표준이라는 특별한 지위를 부여했으며 오늘날까지도 이어지고 있다. 훗날 디드로는 러시아의 예카테리나 2세(1729~1796 : 남편 표트르 3세를 쫓아내고 차르가 되었다)에게 초청되어 현실 정치에 참여할 기회를 가졌으나, 프랑스 혁명이 일어나기 5년 전에 세상을 떠났다.